偽《いつわ》りだらけ歴史の闇

佐藤洋一郎

WAC

偽《いつわ》りだらけ　歴史の闇

●目次

第三章　アメリカは戦後の日本に何をしたのか……79

第四章

装幀　須川貴弘（WAC装幀室）

第一章

歴史文書は「自白調書」に似ている！

「秀吉は中国人」という李氏朝鮮の記録

「歴史」の「歴」という文字は歴然の「歴」、つまり物事をはっきりさせることで、「史」は「ふみ」と読み、文章のことを指します。古代朝廷においては、記録や文章を司る役人がいて、彼らは「ふひと」「ふみひと」などと呼ばれていました。

しかし言葉や文章は、わたしたちが書き残しますので、自分たちのことは見栄をはったり嘘をついたりします。また自分の都合の悪いことは書き残しません。

実は「歴史」を探っていくことは、警察の取り調べ時の「自白調書」とよく似ています。その人物が危害を与えていたり、殺人を犯していたりすれば、事実を隠したり誤魔化したりもします。

いざ自白したとしても、本当かどうかはまだ判然としません。それが事実かどうかは殺人現場に行き、物的証拠が出れば自白と照合し、間違いないかを調べます。

また物的証拠を探すということは発掘調査と似ています。『古事記』や『日本書紀』その他の古い書物に書かれていても、それが本当かどうか、わたしたちは発掘調査をやります。

そうして書かれたことと物的証拠が合致すれば、ようやくそのことが「歴史」となります。そして国家が編纂《へんさん》した「歴史」を「正史」、逆に朝廷の命令に頼らず、個人や民間の人物が書いたものを「外史《がいし》」といいます。

同じように民間が編集したものを「野史《やし》」といったりします。現在、わたしたちがイメージしている「歴史」は、これらを一緒に論じているところに、ややこしさと事実を解明していく難しさがあります。

それからもう一つ「稗史《はいし》」というのがあります。古代中国で稗官《はいかん》が民間から集めて、記録した小説風の歴史書のことです。稗官とは古代中国の官名で、それらの話をまとめて天子や国王に伝える役人のことです。

つまり「稗史」は神話や民話、伝説や伝承を集めまとめたものということになります。日本の古典には「神語」(しんご・かんがたり)という言葉がありましたが、「神話」は明治二十年に、英語の「ｍｙｔｈ」から「神話」と翻訳したもので、近代から使われた言葉なのです。

神語の大本《おおもと》は『古事記』や『日本書紀』、それぞれ地方の「風土記」に書き残されていたもので、そこから今日派生したものとされています。

全国の多くの神社は、そのことに結びつけた伝承や伝説が新しく謂《い》われとなりました。また出雲大社には、今日、仏教徒が唱える「南無阿弥陀仏」という念仏、キリスト教徒が「アーメン」と唱えるのと同じように、『幸魂奇魂守給幸給《さきみたまくしみたままもりたまえさきはえたまえ》』という唱《とな》詞《えことば》があり、これらの唱詞が全国の神社に提唱されたということになっています。

そして「歴史」は当たり前のことは書き残しません。だから逆に当たり前のことが、時代が経つにつれわからなくなってきます。

たとえば銅鐸《どうたく》はどうでしょう。銅剣や銅矛《どうほこ》はすぐに何に使うかわかりますが、銅鐸はお寺の梵鐘《ぼんしょう》のように突いたのか、鈴のように鳴らしたのか、いったいどういうふうに使ったのか今以《いまもっ》て理解できません。

銅鐸は弥生時代から二世紀頃まで、四百年にわたって使用されたと言われているのに判然とせず、わたしたちは今日でも想像するしかありません。

残した文字があればわかることですが、物的証拠はあるのに、記録がないからわからないということになっています。

あるいは朝鮮に『懲毖録《ちょうひろく》』という書物があります。十七世紀前後に書かれた李氏朝鮮の史書で、柳成龍《りゅうせいりゅう》という当時の官僚が、豊臣秀吉の朝鮮出兵（文禄・慶長の役）を記録したものです。

その書物は今日、国宝にも指定されていますが、そこには秀吉が「もともとは中国人で、倭国に流れ込んで薪を売って生計を立てていた」、「国王が外出中にたまたま出会い軍列に加わって家来になった」、彼は「勇敢で力があり、戦上手で功績を上げて大官になって出世し権力を握るようになった」、「容貌は小さくいやしげで、顔色は黒っぽく、ただ眼光は閃《ひらめ》き、人を射るようであった」、また「抱きかかえている我が子が、朝鮮の楽師の音楽を聞かせている間にオシッコをもらして、秀吉が笑いながら侍者を呼び、朝鮮の使者たちの面前で着替えた」とあります。

「その行動はすべてに手前勝手で傍《かたわ》らに人無きごとくであった」と書かれています。もしこのことが本当であれば、日本と朝鮮の力関係がわかり、また真実であれば、秀吉が明を支配しようとした経緯も変わってきます。なぜそうしようとしたのか、現在、書物やテレビで言われていることと、別の見方をしなければならなくなってきます。

全国にある神社の謎

実は「歴史」は絶対的なことでも普遍的なことでもありません。絶えず新しい物的証拠や書物が出てきて塗り替えられていきます。「歴史」は作られていくもの、作り変えられていくものです。

人々は異常なことや異質なこと、彼らが驚いたことや珍しかったことを書き留めます。日本史や世界史の年表を見ればそのことはよくわかります。

わたしたちは勉強のために、年号とそこに起こったことを覚えてきました。大化の改新六四五年、あるいは鎌倉幕府成立一一九二年、一六〇三年江戸幕府成立というふうにです。

しかし現在は大化の改新と習ったことが「乙巳《いっし》の変」と言われたり、鎌倉幕府や明治維新の成立も、いろいろな言われ方をしています。

もうおわかりだと思いますが、さまざまな政変や出来事は、それまでと違い、世の中を一変させたことが記録されています。

その時代の事件や異常なことを書き残しているのです。それらのことが現代に受け継がれているのですが、逆に当時は誰もが知っていたから、書き残す必要がなかったということになってきます。

ご飯の炊き方、草鞋《わらじ》の作り方、髪の結い方などのことは、日常的なことなので詳しく書く必要もなかったということになります。

そしてわたしは「稗史」が一番残っているのが神社だと考えています。神社は日本のあちこちにあって、どうしてあんなところにあるのか、なぜあんな形で存在しているのか、人に聞いてもよくわかりません。

そのわからない最たるものが神社ではないかと思っています。神社は全国にどのくらいあるのでしょう？　そう訊かれても正確に答えられる人は少ないはずです。

実際には八万余社あるとされていますが、ではなぜそんなにあるのでしょう。実は多くの神社は近代に造られたものがほとんどなのです。それでも、「古社」と呼ばれる神社もあります。

延長《えんちょう》五年（九二七）にまとめられた『延喜式《えんぎしき》』という法典があります。延喜《えんぎ》五年（九〇五）に醍醐天皇の命により、藤原時平が編纂を始め、彼が亡くなった後に、藤原忠平が改めて編纂に当たったものです。ちなみに時平は菅原道真を讒言《ざんげん》によって失脚させたとされる人物です。

その『延喜式』は全五十巻約三千三百条からなり、神祇官《じんぎかん》のしきたりや伊勢神宮のこと、そこに奉仕する斎王や祝詞《のりと》の仕方のことを書いたものです。その中の九巻と十巻を「延喜式神明帳《じんみようちよう》」と言っています。全国の神社の一覧表というものです。

わたしはこの二巻を読んで四十年近く神社を歩いてきました。そこに記載された神社は延喜式内社・式内社などと呼ばれ、神社の社格つまり格式となっています。

どんな格式かと言いますと、まず式内社は官幣社《かんぺいしや》と国幣社《こくへいしや》とに分かれ、毎年の新嘗祭《にいなめさい》、相嘗祭《あいなめのまつり》などの祈年祭のおりに、神祇官から弊帛《へいはく》を受ける儀式があります。

弊帛は神々への捧げ物の総称で、弊は麻、帛は絹を意味します。その他衣服や武具・

御神酒などをいただきます。

朝廷や国から弊帛や弊帛料をいただく官弊社にも社格があり、大社・中社・古社・別格官弊社とあり、いずれも皇室と関わりの深い神社のことです。

それ以外にも名神《みょうじん》大社というものがあります。別格大官弊社は明治政府によって新たに作られた神社のことですが、名神大社は、最も霊験あらたかな神社に与えられる称号です。そのすべては官弊大社です。

十世紀に完成した『延喜式』には、官弊大社が三百四座・百九十八所（そのうち名神大社が百二十四座・七十四所）、官弊小社が四百三十三座・三百七十五所ありました。

そしてもう一つ、国弊社というものがあります。国弊社は各国の一宮《いちのみや》（地域で最も社格の高い神社）や地方の有力神社が中心で、やはり同じように国司から弊帛や弊帛料をいただきます。

国弊大社は四百三十三座・百五十五所、小社は二千二百七座・二千百三十三所あります。格式の高い順に一宮・二宮・三宮と続き、律令国一国一社とされていて、任官した国司は順番にお詣《まい》りすることになっていました。

明治維新は革命か改革か

祭神には「天津神《あまつかみ》」「国津神《くにつかみ》」がありますす。日本神話に登場する神々の分類ですが、天津神は高天原《たかまがはら》にいる神々のことで、国津神は葦原中国《あしはらなかつくに》に現れた神々のことです。葦原中国は高天原と黄泉《よみ》の国の間にある国とされ、地上の世界のことだと言われています。北九州や出雲、大和といろいろな説があります。高天原にも九州、大和、北陸などさまざまに比定され、どこだったか未だにはっきりしません。ここでは、言葉は残っていても物的証拠がありませんから、歴史を遡《さかのぼ》っていけないということになります。

さて、神社はどうして急に増えたのでしょう。それは明治維新後の神道による国家造りが影響しています。廃仏毀釈《はいぶつきしゃく》のことは教科書では一応学びますが、それは現在、わたしたちが想像するよりも、はるかに凄まじいものでした。

廃仏毀釈とは仏像や経文、仏教寺院を破棄（破毀）することです。廃仏は仏様を廃する（壊す）、毀釈は釈尊の教えを壊す（廃す）ということです。慶応四年（一八六八）に神仏分離令が布告され、明治三年（一八七〇）に発令されました。それを受けて、その後、次々と廃仏毀釈が始まりました。

わたしは以前、奈良県・興福寺の貫主と新聞紙上で対談したことがありますが、それは大変なことだったと言われました。想像以上に激しいものだったので、聞いていて言葉を失いましたが、信者たちの献身的な行動で、今日多くの国宝となったものが救われたのです。維新とは革命だったのです。

維新という言葉は「これあらた」と読み、変革のことを言います。『日本書紀』に出てくる中大兄皇子《なかのおおえのおうじ》の言葉に、「天人合応厥政治維新」とあります。天も人も合応へて厥《こた》の政《まつりごと》を維新《これあら》たなりと言っています。

変革や改革は本来物事や制度を変え改めることを指します。しかし実際の明治維新は、多くの血を流して世の中を変えたのですから、革命という言葉のほうが当たっていると考えます。

「revolution」という言葉は革命という意味合いがありますが、それを「restortion」(復元)という言葉に代えることによって元に戻す、天皇を新たに担ぎ出した王政復古ということになるわけです。当時の彼らにその意識が強くあったのかと考えます。

日本人の精神的支柱になっているものに「言霊《ことだま》」と「怨霊《おんりょう》」思想がありますが、日本はその言葉の妙霊によって、幸福がもたらされると信じられていました。「言霊《ことだま》の幸《さきは》ふ国」ということになるのですが、その中でも最も忌み嫌われるのが、穢れ思想からきている「血」ということになります。戦争や革命では多くの血が流れ、言霊の思いからは最も遠くにあります。

伊勢が「神風の国」と呼ばれた理由

そういう忌《い》み嫌うことを避けたいから「維新」という言葉に変えたのだと思われます。元々はヒンドゥー教からきたものですが、仏教には「五障三従《ごしょうさんしょう》」という言葉があります。

「五障」とは女性が生まれながらに持っている五つの障害のことで、女性は嘘をつくし、悪口も言う。欲深いし、生理があって、臭って不潔だから梵天《ぼんてん》・帝釈天《たいしゃくてん》・魔王・転輪聖王《てんりんじょうおう》・仏陀《ぶつだ》にはなれないということです。

「三従」とは女性は子どもの時分は父親の、妻となったら夫の命令を、夫が亡くなれば子の言うことに従えということです。

現代で考えれば散々な言い伝えで、ひどい女性蔑視や差別です。しかし今でもこういう考えは残っていて、未だに女性が出入りできないところが多くあります。

たとえばトンネル工事や建設現場もそうですし、神事として執り行われる相撲の土俵にも上がれません。不浄だとされているからです。とにかく危険な場所や神聖な地域には、女性が出入りできないところがまだたくさんあります。

不浄な者がいれば危険な目に遭ったり、怪我をしたり、最悪の場合には亡くなると思われているからです。

また江戸時代までは妻を離婚できる事由として、「七去《しちきよ》」というものもありました。義父母や家訓に背く者、子どもができない者、浮気や姦通《かんつう》をした者、家族にうつるような病気をした者、おしゃべりで、家の方針にあれこれ口を挟む者、家の財産を使い込んだり、持ち出したりした者はすぐに離縁してもいいという法度《はっと》です。

女性は少なくても敗戦までは散々な立場で、戦後アメリカからの「民主主義」が入ってきて、女性と靴下が強くなったと言われる所以《ゆえん》です。

話を戻して、維新は新たに神道国家を造ろうとしました。現在の「維新の会」は党名にしていますが、政権を獲ったら、復古的な戦前のような天皇制を作るということになるのでしょうか。彼らの党規約を読んでから発言すべきでしょうが、王政復古を成し遂げようとしているのかという思いが湧《わ》きます。

所属する政治家や党員はその言葉の意味を知っているのでしょうか。政治家は言葉によって国民を導きます。そしてわたしたちは灯台の明かりのように、そのことを頼りに生きていきます。言葉は、わたしたちの理念も感情も、あらゆるものを表現できます。

その言葉によって、わたしたちの祖先は「言霊の幸《さきは》ふ国」にしたいと願っていたのです。それゆえに日本人は、言葉の乱れや嘘を極端に嫌います。政治家が信頼されないのは、彼らはいつも嘘をつき、言葉によって身をかわすと思っているからです。

今日の政治家がそのことに少しでも気づいていたなら、失言も差別的な言葉も減るのにと思います。あらゆる差別がいけないのは、孤独に生きている人間をのけ者にしたり、卑怯な扱いをしたり、あるいは言葉の暴力によって、さらに孤独にさせるからよくないということになってきます。

わたしたちは絶体絶命という時に、よく神風が吹くことを願います。神風とは神の威力によって吹く強い風のことですが、『日本書紀』には、伊勢神宮の斎宮《さいくう》である倭《やまと》姫命《ひめのみこと》が、天照大神《あまてらすおおみかみ》から「神風《かむかぜ》の伊勢の国は常世の波の敷波《しきなみ》の帰《よ》する国なり。この国に居《を》らむと思ふ」と神託を受けたとあります。

伊勢が神風の吹くいいところに思われていたのは、そこが豊穣の海だったということもありますが、伊勢はまた水銀をはじめ、多くの鉱物が取れるところでもあるからです。

水銀は当時、丹生《にう》と言い、紀伊半島にはそのことに関係した土地や神社が、あちこちにあります。どうしてこんな山奥に人が住んでいるのだろう？　旅をしているとそんなことをよく考えさせられることがあります。

東北の秋田や山形もそうです。秩父も日光もそうでしょう。多くの鉱山があり、そこに鉱物があるから人は入って行くのです。日本には古代から六千か所以上の鉱山があったと言われています。水銀や金、鉄や銅など稀少物質を探し求めて行くのです。

大和に滅ぼされた〝蛮族〟

中でも水銀は古代においては仙薬ともされ、不老長寿の薬だと思われてもいました。秦《しん》の徐福《じょふく》が始皇帝の命を受け、不老不死の霊薬を求めて日本にやってきた、という伝説や伝承は至る所に残っていて、弘法大師が全国を歩いたという話と同じくらいあります。

もちろん、すべての地に徐福が赴《おもむ》いたとは思えず、後世に作られた話がほとんどですが、彼が鉱物を探し当てようとしていたことは確かなはずです。

真言宗の開祖である弘法大師空海が、紀伊半島の山奥に寺院を造ったのも、現在の和歌山県新宮《しんぐう》市で徐福が亡くなったという話も、そこで水銀が多く産出されたことと関係があるのではと連想します。

空海が唐に勉強に行った資金は、水銀から捻出されたという伝承もあります。実際、彼が歩いたところには、水銀にまつわる神社が必ずあり、関係した人たちが祀られています。

大和族が東北に侵攻し始めたのも、金が取れるとわかってきたからですし、それまでの日本は朝鮮半島によく侵攻していたのも、新羅に金があると知っていたからです。

アラブ人のイブン・クルダドビーが編纂した『王国と道路綜覧』には、「中国の向こう側に、山が多く、いろいろな王が支配している新羅という国があり、金が多く産出している」と記され、金を求めてすでにイスラム人が定住していたとあります。

『日本書紀』には神功皇后《じんぐう》の「三韓征伐」の話が出てきますが、黄金があるから神功皇后は新羅を攻め、日本は朝鮮侵攻を繰り返したのです。そのことは朝鮮の金富軾《きんふしょく》が著した『三国史記』にも記されています。

そして今日の東北地方を、古代の日本では「蝦夷《えみし》」と呼びました。大和から見れば東北は夷狄《いてき》が住むところです。夷荻とは野蛮人ということです。「蝦夷」は「えびす」とも読まれ、夷狄と同じような意味です。

似た言葉に「熊襲《くまそ》」があり、これは現在の九州南部の広範囲にあった国を指しました。「蝦夷」も「熊襲」も諸説いろいろありますが、いずれにしろ、大和族に抵抗する国があったことは歴史学者の一致する考えです。

それが古代中国の「四夷《しい》」思想、つまり中華思想からきているのは明らかです。ここではながくなりますから簡略に書きますが、中華思想とは中心に天子がいて、内臣・外臣・朝貢国、その四方に東夷《とうい》・西戎《せいじゅう》・南蛮《なんばん》・北夷《ほくてき》がいるという考え方です。

四夷はそれぞれの方角の野蛮人や未開地の人間を指します。南蛮の「亦」は「又」と同義語ですから、南蛮人は南に住む虫けらと変わらない人間ということになります。それを考えますと、現在の中国はそれらの国々を自国の一部だと主張しているのですから、ずいぶんと考えが変わってきたような気がします。

世界中の人々が中国大陸に歴史があることは認めています。日本の維新もそうですが、中国の文化大革命も多くの文化遺産を破壊した事件ということにもなります。それはどこの国でもあることでしかたがないことでもありますが、文化や歴史を思うと残念な気もしてきます。

話を日本に戻しますと、大和に対して、「蝦夷」「熊襲」よりも、もっと頑強に抵抗したと思われる国に「出雲」があります。この国名は今以て判然としません。その「出雲」は『記紀』にも見えますし、『出雲国風土記』には詳しく書かれていますが、どうしてその名前がつけられたかは未だにはっきりとしません。

『出雲国風土記』には、八束水臣津野命《やつかみずおみつぬのみこと》が、「所以号出雲者　八束水臣津野命　詔八雲

立詔之故云　八雲立出雲（出雲と号《なづ》くる所以は、八束水臣津野命、詔《の》りたまひしく八雲立つ詔りたまひき、故、八雲立と云ふ）」と述べたことを発端としています。

あるいは素戔嗚尊《すさのおのみこと》が「八雲立つ　出雲八重垣つまごみに　八重垣つくる　その八重垣を」と、稲田姫と垣根を巡らせた宮で新婚生活をしていると、雲がやさしく包んでくれたという歌から取られたとも言われていますが、その経緯がわからず、いずれも定説になっていません。

それゆえに学者たちの間でもいくつもの説があります。「出雲」の「イツ」は霊威や神威、「モ」はモノの意味、もしくは「イツモ」は五面（イツオモ）で、「オモ」は地域のことで五か所の土地のことだという説、アイヌ語からきているという論考もあります。まるで頓智クイズのように無数にあります。本居宣長を始め今日までの学者の論考を集めれば、とても一冊では収まらないほどの書物になりそうです。

その出雲地方では鉄が採れ、近くでは銀も採れました。今は石見《いわみ》地方に属していますが、日本海に面した五十猛《いそたけ》（島根県大田市）というところでは、多くの銀や鉄が採れ、そこには出雲神話よりも古い伝承があります。

明らかに大和族に対抗した出雲族がいたことは、今日では誰でも知っていますし、どういうふうに滅ぼされていったかも知っています。滅ぼされた種族には悲劇があり、出雲の悲劇は今も続いていると個人的には思っています。

伊勢の水銀と出雲の鉄

わたしは出雲にも松江にも親戚がいて、私自身も少年時代、その近くに住んでいました。それにこの四十年近く、山陰と熊野は毎年のように歩いています。どちらも神話ではつながっているものが多く、そしてどちらも稀少な鉱物が産出されるところです。

日本では時代を石器・青銅・鉄器時代と区分して学ばせています。石器時代とはまだ銅や鉄の存在を知らない時代で、二百万年前から紀元前一万年あたりを指します。いろいろな石を使って生活をしていたのでしょうが、その中でも黒曜石《こくようせき》はなによりも貴重でした。

この石は切り口が鋭利で、鏃《やじり》や槍の穂先、あるいは小刀の代用にもなり、さまざまなものに利用されました。魚や獣・鳥などを捕るのにも役に立ちます。

長野県の霧ケ峰の和田峠、熱海市伊豆天城の柏峠、島根県の隠岐の島、大分県の姫島など全国で採取でき、山々が絶壁になっているのも、黒曜石を採っていたからだと言う人たちもいます。極端でまさかという気持ちにもなりますが、わたしもそういう場所を訪ねてみたことがあります。

中でも大分県国東《くにさき》半島の先に浮かぶ姫島は、海から高さ四十メートル、幅百二十メートルの絶壁が続き、黒曜石を採るために削られていったのですが、その絶壁の上に立つと周防灘《すおうなだ》が見渡せて壮観でしたが、足が竦《すく》むほど怖い体験でした。風が起これば吹き飛ばされそうでしたが、古代の人々は命懸けで黒曜石を採っていたのだと、尊敬の念まで浮かんできました。

実際、小さな島に人々が住み着いたのは、漁業を営むということもありますが、この黒曜石を求めて入島してきたのです。幾多の人々が命を落としたのは間違いありません し、他の未開の山々に進入して行ったのも、そこに鉱物があったからなのです。

そのことは青銅・鉄器時代も同じことです。出雲には銅も鉄もありました。昭和五十八年（一九八三）、出雲市斐川《ひかわ》町で広域農道を造ろうとしていると、古墳時代の須《す》恵《え》器《き》の破片が発見されました。

発掘調査を行うと、銅剣三百五十八本、銅鐸六個、銅矛十六本が出土され、全国の人々が驚き、新発見に沸き立ちました。

山の斜面にきれいに並べられるように埋められていたのですが、現在「神庭《かんば》荒神谷《こうじんだに》遺跡」と言われているところです。大量に発見された銅剣は、大和族との戦いに結び付けられ、考古学好きな人たちはいろいろと推理し、ロマンをかき立てられたものでした。

　わたしもその一人で、斐川町が出雲市に編入される前は、出雲市と斐川町の境界を成していた斐伊川《ひいかわ》沿いに親戚がありましたので、何度も行ったことがあります。今はきれいな公園になり、資料館もあります。青銅器時代以前は自然銅を加工したものを使っていましたが、そのうち錫《すず》の合金となりました。それが青銅です。

　青銅は石と違って加工しやすく、武器や武具、装飾品、祭器にも使われるようになりました。荒神谷遺跡から発掘された銅剣や銅矛を見ますと、その加工技術が出雲にあり、銅や錫が産出されていたことがわかります。

　銅剣は中国・四国・九州地方に多く、そこから出雲族との関わりを指摘する人たちもいます。出雲族の勢力図と重なるというわけです。

　また銅矛は北九州で、銅鐸は大和族の支配下から発掘され、学者や民間研究者は、「銅矛文化圏」「銅鐸文化圏」と分けて調べています。青銅によって生活様式も祭祀の仕方も変わりました。しかし青銅は加工しやすい利点はありますが、重い上に強度が出ません。

　そのうち鉄が時代の潮流となってきますが、鉄は加工すれば、青銅よりもはるかに軽く強度もあります。武器や農具としても格段に使いやすいものです。大きな木々も切ることができますし、獣や魚だって調理することができます。

しかし、当時はまだ鉄鉱石から鉄を造るという技術は進んでいません。溶鉱炉も必要ですし、鉄を溶かす火力を得るのに大量の木も必要になります。

出雲には砂鉄も多く取れますし、木々も不自由しないほどあります。今日、山陰に大きな木が少ないと言われるのも、鉄を造るために伐採されたからだと言われています。

戦闘に用いるにも銅剣と鉄剣ではまったく違います。薄く軽量で強度のある鉄剣ははるかに有利ですし、体に纏《まと》えば防具にもなります。鉄を使って農具の改良が進めば豊かにもなります。

それを加工する手立ては、今で言えば先端技術です。その技術を他の部族に盗まれては、自分たちの力を削ぐということになってきます。今日の産業スパイ、国家的なスパイの暗躍と同じようなものです。

猿田彦命の正体

神話に猿田彦命《さるたひこのみこと》という神様が登場します。猿田彦命を祀る神社の総本社は、伊勢にある椿大神社《つばきおおかみやしろ》だとされています。この神を調べていくだけで、稗史から古代の日本が見えてきます。

　猿田彦命は邇邇芸命《ににぎのみこと》が天下りしてきたおりに、高天原《たかまがはら》から葦原中国《あしはらのなかつくに》まであまねく照らす神がいて、それが猿田彦命だと『日本書紀』に記されています。もしこのことが真実だとすれば、猿田彦はこの地方を支配していたということになります。

　その彼は『日本書紀』には、鼻の長さは七咫《ななあた》、背の長さ七尺《ななさか》で、目は八咫鏡《やたのかがみ》のように赤く輝いていたとあります。尺も咫も同じ意味で、だいたい二十三センチくらいとされ、猿田彦のその姿は天狗の原形だとも言われています。

　紀伊半島は出雲と同じように鉱物が多く採れ、製鉄に必要な山深い森もあります。たたら製鉄には大量の火を使用し、それを見続けていると、目は充血し、やがては失明します。鼻も赤く焼けます。現在でも溶接工がお面をつけて作業をするのは、そのことを防ぐためです。

『日本書紀』では、天照大神《あまてらすおおみかみ》が天宇受売命《あめのうずめのみこと》に、猿田彦のもとへ行って誰だか尋ねさせると、国津神と答えたというのです。彼のほうが先に伊勢を本拠地としていたということになります。

　天宇受売は天岩戸《あめのいわと》の前で踊り、天照大神を岩屋から出した女神です。猿田彦が邇邇芸命を道案内したことや、彼女と一緒になったところから、今日では道祖神や芸能の神様になったりしています。

その猿田彦のことは天孫族系が文字で書き残した史料はありますが、先住民である人々自身が残した文字がなく、明治時代になっても、その謂われはさまざまに変説していきます。

この神もまた不幸な気もしますが、出雲系の神という説と、上記のように高天原も葦原中国も照らしていたことから、太陽神、天孫系の神だという学者もいます。『日本書紀』に国津神だとあるのに天津神だという人々もいて、彼の正体が曖昧《あいまい》なため、よけいに古代の実態がわからなくなっています。

同じことが出雲系の神々には実に多くある気がします。残っている文字が少ないがゆえに、後世にさまざまな文字史料が入り込んで、複雑な神になっていくのです。

ただし、当初は出雲族が支配していたとしても、出雲と伊勢が決定的に違うのは、伊勢に水銀が多く採れたということだと考えます。出雲には砂鉄がありますが、水銀は紀伊半島のほうがはるかに多く採集できました。

そのことは神社を見ればわかります。紀伊半島にはそれこそたくさんの丹生《にう》神社がありますす。稀少物質の水銀を求めて、人々が熊野の山奥に入って行きました。その水銀を支配していたのが猿田彦だったということになります。

当時の水銀は金や銀よりも貴重なもので、それを手に入れた者が富を築き、権力さえ握ったとされています。猿田彦を代表とする国津神と、水銀を奪おうとする天孫系の争いが、伊勢で起こったことも容易に想像できます。

大仏建造の際には水銀と金を一定比率で混合した金アマルガムを、銅で造った大仏の表面に塗り、火で炙《あぶ》ると、水銀が蒸発してきれいな金メッキになると言われています。

唐に渡った空海は、水銀の発見方法や精錬技術を学んできたとされていますし、全国の彼のゆかりの地と、水銀の発掘地が一致していることもよく言われていることです。

空海が高野山に住み着いたのも、そこが水銀の産地だったということと関係があります。その上、彼は水銀中毒で亡くなったとも伝えられていますが、決して的外れではないと思われます。

また水銀を刀剣に塗《まぶ》すと切れがよくなり、白粉《おしろい》に混ぜれば肌への乗りがよくなると言われています。伊勢白粉は水銀が混入されていますから、皮膚癌になる人々が多かったというのはそのためです。

また神社が朱色だというのも水銀と関係があります。水銀は辰砂《しんしゃ》とも呼ばれ、水銀と硫黄《いおう》を加工して作られたその朱色は、魔除けになるとされていました。橋の欄干《らんかん》も同じことで、防腐剤という役目もありました。

このように水銀には多様な用途があり、とくに高温で水銀を使うと、金を容易に取り出すことができたのですから、古代から中国で重宝されていたというのもよく理解できます。

日本も例外ではありませんし、その一大産地が紀伊半島だったのです。猿田彦は現在の松阪の海で漁をしていた時に、「比良夫貝《ひらぶがい》」に手を挟まれて死んだということになっていますが、殺されたとみるのが自然のような気がします。

古代において天孫系の日本武尊《やまとたける》は女装して熊襲健《くまそたける》を殺しましたし、太刀を木刀と交換して出雲健《いずもたける》を騙し討ちにします。古代では卑怯という概念がなかったのかもしれませんが、日本武尊はことごとく裏切りや卑怯な手口で敵を殺していきます。

猿田彦が出雲健と同一人物かどうかはわかりませんが、猿田彦は殺されたとわたしが思う所以《ゆえん》です。そう考える理由の一つに「伊勢」という地名が関係しています。

伊勢と伊勢津彦命

『伊勢国風土記』には出雲建子命《いずもたけこのみこと》、またの名を伊勢津彦命《いせつひこのみこと》、櫛玉命《くしたまのみこと》、あるいは伊勢都比古命という神が登場します。一般に天津神系の神ではなく国津神の神だとされていますが、彼は、初め伊勢を支配していましたが、そこを奪われたということになっています。

その出雲系の神の名前が地名としてなぜつけられたのでしょう。言霊や怨霊鎮《しず》めのためにつけられたとしても不思議ではありません。神社にはこういうことが無数にあり、殺された者の祟りを怖れ、後に征服された者を神社の神名にして祀ることは多くあります。

その伊勢津彦にはよく似た話があります。今は諏訪に鎮座している建御名方神《たけみなかたのかみ》がそうです。彼は出雲系の大国主命《おおくにぬしのみこと》と古志《こし》の沼河比売《ぬなかわひめ》との子だとされています。古志は今の新潟県の地名で、瑪瑙《めのう》の産地とされています。建御名方神は出雲の国譲りの話に登場する神ですが、建御雷神《たけみかずちのかみ》に敗れて諏訪に逃げ、そこにとどまったとされる神です。

建御雷神は現在の鹿島神宮（茨城県）や香取神宮（千葉県）の祖神となっています。この鹿島神宮の祭神は、出雲を平定し建御名方神に勝った神として、武人たちの崇敬を集めている神社です。

多くの剣豪も訪ねています。神仏習合の時代には春日大社も同一でしたから、祭祀を司っていた藤原氏の祖神という位置にもなっています。また、本居宣長は『古事記伝』の中で、建御雷神と伊勢津彦は同一人物であると述べています。

　このように、猿田彦にも伊勢津彦にも、あるいは建御名方にもさまざまな諸説があり、その説はたくさんの書き残された文字があることによって、逆にどんな人物だったのか、どんな歴史を持っていたのかがかえってわからなくなり、まるで推理小説を解くような状況になっているのです。

第二章

神様の名前に なぜ「命」と「尊」があるのか

本居宣長の辞世の句

本居宣長は、「敷島《しきしま》の大和心《やまとごころ》を人問わば朝日に匂ふ山桜花」と辞世の句を詠んでいます。宣長は伊勢の松阪に豪商の子として生まれ、当時『古事記』が解読不可能になっていたものを三十数年かけて、今日のわたしたちが読めるようにしてくれた人物です。

その彼の辞世の句の意味は、日本人の心はなにかと問われると、朝日に匂う山桜のようなもので、大和心とものの あわれだというのです。

古くから日本に伝わる心ということになりますが、外国から仏教や儒教が入ってくる前の日本人が、持ち得ていた精神ということでしょう。

具体的に言えば、天皇に対しての忠義や日本人の精神(大和魂)を指します。その大和魂と中国からの漢才《からざえ》とが混交した「和魂漢才」という考えが、平安時代に生まれましたが、大和魂は普段わたしたちが生きていく上での知識や判断力、あるいは生き様一般を言います。

このことが国学の中心になり、幕末に大きな影響を与えて尊王攘夷を唱える人々が増えたというわけです。

やがて徳川幕府を倒し王政復古となるのですが、それが明治維新ということになります。と同時に国粋主義も進んで行ったということにもなります。大波のように入ってくる欧米の文化に対して、日本の伝統や文化を守ろうという考えです。民族主義・国家主義ということと同義語ですが、その機運は自分たちを守ろうという本能的なものだとも言えます。

そして宣長の辞世の句から取って、第二次大戦時の特攻隊の名前に、「敷島《しきしま》」「大和」「朝日」「山桜」隊とつけられたのです。「敷島」は大和にかかる枕詞です。「神風」特攻隊とつけられたのも伊勢に吹く風のことで、そこは可怜国《うましくに》、つまり美しくいい国だと『日本書紀』に記されています。水銀や鉱物も採れ素晴らしい国だということです。

鎌倉幕府時代には元寇があり、博多湾が暴風雨になり、彼らの船が沈没したということになっていますが、当時も神風が吹いたとわたしたちの祖先は喜びました。その時刷り込まれた意識が、第二次大戦をよけいに悲惨にさせたということにもなります。

日本は絶対に負けない、そのうち神風が必ず吹き、勝利するという思い込みです。日本は言霊の国だから、言葉による祈りにも近いものがあったのですが、言霊が宣長の辞世の句と絡まり、特攻隊の名前にまでなったのです。それで降伏を先延ばしにして、ますます戦争を悪化させ、民間人が多く死んだということになります。

戦局が悪化してきますと、天皇は伊勢神宮や靖國神社に詣《まい》り、軍部は国民にも同じ時刻に祈願するように命じました。それほど「神風」を信じていたのです。

また戦争中は誰一人として太平洋戦争などと言わず、大東亜戦争と言っていたのですが、逆にアメリカがその言葉を嫌いました。それまでの日本は植民地政策の隠れ蓑としての言葉だったかどうかはわかりませんが、戦争突入時には八紘一宇《はっこういちう》・五族共和などと唱えて、アジアや満洲に侵攻しました。

五族共和は日本・朝鮮・満洲・蒙古・漢（漢民族）が協調して暮らせる国を造ろうという政策ですが、実際には満洲国建国のための言葉です。

八紘一宇は『日本書紀』に、「八紘《あめのした》おおひて宇《いえ》にせむ」という言葉から、世界を一つの家に考え、天皇を中心にした国を造ろうというものでしたが、見方を変えれば口当たりのいい言葉だったということになります。

しかし言葉の言い換えは今でもあります。日本軍は無条件降伏をしたのですから敗戦なのに終戦と言います。言霊の国の日本は負けたとわかる言葉を使いたくないのです。

琉球は沖縄と国名を変えました。琉球では琉球国を連想しますし、日本ではないのではないかという危惧が生まれます。あるいは中国東北部を満洲と言いました。満洲はもともと女真族の土地で、それが金・清国と代わっていきました。

中華思想の漢民族から見れば蛮人ですが、その蛮人の国に漢民族はずっと支配されていました。女真族が金から清という国名に変えたのも、かつては大国だった明からの再びの攻撃があると不安だったからです。

どうして「金」は「清」になったのか

女真族は水への信仰が強い民族でしたが、国名の「金」は火に溶けやすいものです。一方、「明」という文字は「日」と「月」に分けられます。どちらも「火」を表しますし、連想させます。

日（火）に負けないのはなんでしょう。それは水、つまり「さんずい」ということになりますが、それだけでは火は消えません。なぜなら月も火を表しますから、もっと考えなければいけません。

月の明かりに勝つものはなんでしょう。それは青空です。空が晴れていると月の力は弱まります。そうして「さんずい」と「青」を合わせて「清」という名の国ができたというわけです。

日本はその清国を「支那」と呼びました。江戸時代の半ばから戦前まで使っていましたが、本来「支那」は、古代中国の「秦」から生まれた言い方といわれています。そのことはイタリアのイエズス会の人間が、著作に記したのが始まりで、秦は始皇帝が中国を統一した際の国名ですから、漢民族は誇りに思っていました。

その「シン」という言葉が梵語やラテン語・ギリシア語の転訛《てんか》によって、「Ｓｉｎａｅ」や「Ｃｈｉｎａ」に変わったと言われています。

他にも説がありますが、日本が「支那」と呼ぶようになったのも、そういった経緯があります。ところが、日本に侵攻された戦前の苦い思いから、「支那」を使わせない動きがあり、今日ではパソコンからも出てこないようになっています。同じようなことは日本にもあり、韓国もそうです。

日本は古代中国によって「倭」という地名で呼ばれていました。「倭」というのは女性の頭の上に、穀物を乗せていたという意味の文字です。そこから転じてちびという意味になりました。日本人が小柄だったということでしょう。

それを嫌って、お日様が中国よりも早く出る国、日の本、つまり日本という国名になったというわけです。初めは倭を「やまと」と読んでいましたが、元明天皇の時代に、二文字を持って佳字にせよとのお達しがあり、同音の大和という好字が当てられました。

韓国も同じことです。朝鮮は十四世紀に、李氏が王朝（李氏朝鮮）を建てた時につけられましたが、朝が鮮やかで美しいという謂《い》われからです。この国名にも諸説があり、楽浪郡の古名、あるいは「朝」は東方、「鮮」は鮮卑の意味で、明国に対して貢物が鮮《すくな》い国だったからという伝承もあります。

どこの国にも自分たちが嫌ったり、忌まわしさを連想させたりする言葉は嫌がります。支那や朝鮮が差別語に近いものに貶められた、あるいは誇りを傷つけられたと思ったら、わたしたちはその言葉を忌まわしいものとして遠ざけます。

まして自分たちのほうが歴史も文化水準も高い国だったと思っていれば、もっともなことです。言葉への思いはどの国にもあるでしょうし、古今東西いつの時代もあることだと考えます。

差別は、自分たちのほうが上だったと思う人間が、逆にそうされたらなかなかに消えるものではありません。中国・韓国・日本の関係も、そういった感情が下敷になっている気がしてきます。戦前まで、あるいは今日でも「小中華思想」が残っている韓国では、日本の文化は自分たちが構築した、伝えたという「歴史認識」がある気がします。

古代と違い、国家と国家には国境がありますが、言葉にはありません。言葉はどこの国にも自由に行き来しますし、人々は経済が豊かなほうに流れます。

古代の中国には世界中の人々が流入しましたし、それとともに新しい文化も連れてきました。その最たるものが言葉ということになります。

今日の中国・韓国の経済用語はみな日本人の造語ですし、今、わたしたちが使っている言葉や文字も、みな日本が開国してから、明治の知識人たちであった福沢諭吉・西周《あまね》・中江兆民らが、わたしたちのものの考え方や精神を慮《おもんばか》って意訳・翻訳したものです。

しかし漢字であれば、みな中国から入ってきたものだと思っている人もいます。近代において、為替《かわせ》や株式などの市場経済や法律用語は、ほとんど日本が作り出した言葉です。わたしたちが現在日本語と思っているのも近年のもので、文化が変われば言葉も変わってくるという見本です。

そして中国は文字の簡略化が進み、韓国はハングル文字を採用しましたが、文字を変えすぎると、その言葉の意味が取れなくなってくる危惧はあります。簡略化すれば識字率は上がりますので、それはそれでいいことなのですが、記号化していくと、文字への畏敬の念や味わいがなくなってくる気もしてきます。

たとえば小説を書く時に「ボク」「ぼく」「僕」、あるいは「ＢＯＫＵ」と書けばどうでしょう。「ボク」なら幼い子どもや混血の人、「ぼく」ならなんとなくやさしい人や穏やかな人、「僕」なら大人でしっかりした人、また自分の考えを持った人という印象を受けないでしょうか。こうして書いているのはわたしの個人的な思いですが、では「BOKU」ならどういう人物のイメージを与えるかという気持ちになってきます。

それは名前も同じことです。「よしこ」という名前でも、「良子」「芳子」「佳子」「美子」「淑子」「好子」とこうして多く書いてみれば、その女性の生き方やものの考え方、容姿まで想像できるように感じます。またつける人の子どもへの願いもあるはずです。

日本語を大切にしようという人が多いのも、そういったことがある気がします。もちろん現在の日本語も大変に簡略化が進んでいるのですが、漢字の母国である中国よりはまだ意味合いが取れると考えます。

そしてその言葉によって、わたしたちは歴史を遡《さかのぼ》っていくのですが、そういった意味で本居宣長は、『古事記』を読み解いてくれて、日本人の歴史や、その頃に生きていた人々の心まで読み取ることができるようにしてくれました。

また歴史をもっと遠くまで見渡せる喜びと誇りを、持つことができるようにもなりました。それでもわたしたち日本人は、中国の古い書物によって遡らなくてはいけないところがあります。

「尊」と「命」

『魏志倭人伝』もそうです。『宋書』『後漢書』『山海書』などにほんの少し書かれたことを読み解いて、日本や日本人のことを探っています。

なぜ未だに「邪馬台国」を「やまたいこく」と呼ぶのか、なぜ「やまと」と呼ばないのか。たったそれだけで「邪馬台国」がどこにあるかわからないということになってきます。

また「卑弥呼」という文字は差別語で、倭人を蔑視しているのではないか、本当は日巫女や日御子ではないのか。耳で聞いたことを文字にする時、相手を蔑視したいならそういった文字を使います。

一般に「姫」は女性を表します。逆に「彦」は男性を表します。それらの文字の意味を知っていれば、島に行ったり山に登ったりして、そこに祀られているのが男神か女神かわかってきます。

英語やフランス語では、言葉の奥行を感じることは漢字よりも少ない気がします。もっとも、それらの文字も、ラテン語やギリシア語からきていることを思えば、彼らは彼らで、文字の成り立ちを感じているのかもしれません。

漢字を母語の一部とするわたしが理解できないだけかもしれませんが、やはり漢字のほうに歴史が詰まっている気がしますし、物事の輪郭が見えるようにも思えます。『日本書紀』では神様の名前に「命」という文字が多く充てられていますが、『古事記』では「尊」の文字がなぜ多いのかと疑問も湧いてきます。

「尊」も「命」も神や高貴な人につけることは間違いないのですが、すでにこの頃から、日本人が言葉に対して神経を使っていることがわかります。「みこと」は「御事」あるいは「御子」からきていて、「御事」は神や身分の高い人の言葉、「御子」はその子どもの言葉という説もあります。

また「命」はしっかりと人格を持っている「神」のことで、「尊」はそうではない観念や想像上の神々だという人たちもいます。

たとえば「天之御中主尊《あめのみなかぬしのみこと》」は、日本神話における神々の中で最初に登場する神で、神名は天の真ん中を支配する神。「高皇産霊尊《たかみむすびのみこと》」は別名「高木の神」とも呼ばれ、木を神格化したもの、「神皇産霊尊《かみむすびの》」は母性の神だとされています。

これらは造化三神とされ「創造」の神々です。つまりは人格がないということになります。ちなみに「産霊《むすび》」は生産や生成を意味する言葉だと言われていますから、なおさら人間からは遠いということになります。

また「国之常立尊《くにのとこたちのみこと》」「月読尊《つくよみのみこと》」を例に挙げますと、造化三神が混沌としていた国を造ったということになっていますが、「国之常立尊」は『日本書紀』では、天地開闢《かいびゃく》のおりの最初の神とされ、「国」を国土、「常《とこ》」は土地で、国土が永久に存在するという意味だと捉えられています。

人か神か判然としないものに「尊」の文字を与え、敬ったということになりますが、当時、書き残した人が、どういうふうに見ていたかわかってくるということになります。「尊」であれば想像も思い込みも入り、「命」であれば人格を意識して書いた、あるいは、はっきりとしたモデルがあるということになってきます。「月読尊」は月を神格化し、夜を支配した神とされていますから、「尊」という文字を充てられたのだと考えられます。

時代が現代に近づくにつれ、さまざまな国の文字によって書かれることにより、物事やその人たちの存在が、逆に霧の中に隠れていくということになってきます。

たとえば中華思想から見れば、東夷だった中国東北部の女真族が支配し、「金」「清」と国名が代わっていった土地を、なぜ日本人は「満洲」という国名にしようとしたのか、それも言葉を探っていけば見えてきます。

女真族から清国創立まで紆余曲折の歴史の経緯はありますが、「満洲」という言葉は、当時の一部族の名前でしたが、やがて十九世紀には国名になってきました。

五行思想は古代中国の自然哲学の思想で、万物は火・水・木・金・土の五種類の元素からなるという考えです。五行説とも言います。満洲族が「満」も「洲」も「清」もみな国名に「さんずい」をつけているのは、五行説の「以水克火」からきているとされています。水は火に克（勝つ）という意味です。

それほど激しい漢民族と女真族の戦いがあったということでしょうし、その文字に思いを込めた彼らの考えが今でも伝わってきます。そういう歴史上の経緯を知っていて、日本が清国の大本《おおもと》である満洲国を改めて樹立しようとしたのです。もちろん日本が清国の廃帝になっていた愛新覚羅溥儀《あいしんかくらふぎ》を立てて、満洲に独立国を造ろうとしたのは自国のためです。

彼らの国防も外交もすべての政治権力は軍部が握り、傀儡《かいらい》政権を打ち立てたのですが、それは当時の満洲は防衛上も、また日本の疲弊した経済の立て直しに、どうしても欠かせない土地だったということになります。

石原莞爾《かんじ》を中心に関東軍の暴走を指摘する人たちも多くいますが、実際、昭和六年（一九三一）の満洲事変当時の日本は世界的恐慌で、東北六県で六万人以上の女性が売られていくというような惨状でした。

この関東軍の暴走が五・一五事件、二・二六事件を招き、だんだんと日本は軍国主義に進んだのですが、ヨーロッパにおいても恐慌や共産主義の台頭により、ムッソリーニやヒトラーの全体主義者が登場してきたということになります。その満洲国建設が原因で、日本は国際連盟を脱退し、やがて三国同盟を結び戦争になっていきます。

戦争と言葉

ここでは戦争の詳細は省きますが、いよいよ追い詰められた日本は、「神風特別攻撃隊」という体当たり攻撃部隊を作ります。その名前の謂われは先にも書きましたが、言霊の国の日本は、文字を見るだけで戦いがどのくらいのものだったかわかるようになっています。

戦いには「戦争」「事変」「乱」「変」とさまざまな名称があります。「戦争」は民族・国家間で武力闘争を行うこと。「事変」は国家間の宣戦布告なしで戦争に入ることで、地域的かつ小規模な争いのことです。

「乱」は通常内戦を示し、政権に対して反乱を起こすことですが、その政権が代わらなかったことを指します。「変」はその逆で権力が代わることを言います。「役」という言い方もあり、これも戦争のことを指します。それらの言葉の意味を理解しているだけでどんな戦いだったか見えてきます。

逆に相手国はその戦争を誇張したり、矮小化したりして、どんなものだったか、自分たちに都合よく見えるように言い方を変えます。満洲事変が戦争になったり、真珠湾攻撃に宣戦布告がなかったから卑怯だというふうになります。

「満洲」という言葉も似たところがあります。彼ら女真族は元来「文殊菩薩《もんじゅ》」を信仰していましたが、その菩薩は仏教における智慧の神様です。それが「モンジュ」「マンジュ」「マンシュウ」と転訛していったものです。

文殊菩薩を信仰する国はチベットもそうですが、今日とは違い、満洲族もチベット族も、宗教観から見れば漢民族とは違うということになります。そういったことは日本と沖縄にもありますし、どの国にもあります。

ちなみに「菩薩」は仏教において、その道を究めようとする人のことを指します。「如来」はその道の一切の智慧を修得した人のことです。つまり悟りをひらいた仏陀ということになります。「薬師如来」といえば、病気や薬のことに長《た》けた仏様ということになります。

そして戦勝国は必ず敗戦国の言葉を奪うということです。言葉は文化ですし、言葉が違えば歴史観もまた違ったものになってきます。わたしはひねくれたものの見方をしていますので、日本が英語教育に力を入れさせられているのも、その一環だと思っています。

言葉を奪い、新しい自国の文化を持ってきて、敗戦国の意識を変えるというのが植民地政策であり、愚民政策だと見ています。それはどこの国もやり、日本もやっていたことです。

GHQの「3S政策」

敗戦後の日本では「3S政策」という占領政策が、GHQ（連合国軍最高司令官総司令部）によって行われました。一つめの「S」はスポーツです。戦後、アメリカの野球が入ってきました。

野球はアメリカ発祥のスポーツです。当時の少年たちはサッカーなどほとんどやらず、誰もが野球に夢中になりました。するとどうでしょう。総理大臣や政治家の名前よりも、川上や稲尾、長嶋や王選手のほうが有名になり、子供たちは野球選手に夢中になりました。

プロレスもありました。シャープ兄弟やデストロイヤーと、力道山や豊登との決戦に国民は熱狂し、彼らの得意技をよく掛け合ったものでした。そうやってスポーツに目を向けさせて、政治に関心を向けさせないようにするのです。

もう一つの「S」はスクリーンです。当時隆盛だった映画のことです。昭和二十年代、三十年代の映画スターへの憧れは大変なものでしたし、全国の隅々まで映画館があり、娯楽の最たるものでした。

それでどうなったでしょう。石原裕次郎や小林旭、市川雷蔵や中村錦之助、女性なら佐久間良子や有馬稲子、あるいは吉永小百合や松原智恵子などのスターが登場してきて、誰もが彼女たちに夢中になりました。

それ以外にアメリカの音楽も入ってきました。エルビス・プレスリーやポール・アンカなどの歌がヒットし、彼らの真似をして歌う若者が至る所にいました。それはもう大変なものでした。

最後の一つの「S」はセックスの頭文字です。女性が媚《こ》びを売り、肉体で金銭を稼ぐ職業は古来よりありますが、人々が生活のために娘や女性を売るのは、貧しさゆえでした。

以前なら、女性が自ら進んでそんな仕事をするということはなかったはずですが、今では女子学生たちが平気で働いていますし、ホストクラブに通うということも、珍しいことではありません。

時代も変わり、道徳観も変わったということでしょうが、この「3S政策」は娯楽や快楽・享楽主義を浸透させ、これも政治に無関心にさせるという作用があります。スポーツ選手や女優には興味を持つが、政治には関心を示さないということになります。

そうして国民が選挙の投票に行かなければどうなるでしょう。組織力があり支持基盤を多く持つ政党が勝つということになってきます。

日本の政権が容易に代わらないのは、そのこともあり、自民党がこの七十数年ほとんど政権を握っているのも、極端に言えば投票率が低いからということにもなります。仮に強い人（組織票をたくさん持っているグループ）と、弱い人が喧嘩をしているとします。当然強い人が勝ちますし、それを黙って見ている人は、結局は強い人の味方をしているということになってきます。

その結果、強い人（選挙に勝った人たち）が、権力を行使していくということになります。そういう意味でも無関心な人（投票に行かない人）は、強い者の手助けをしているということになります。

そしてわたしたちは売春を「援助交際」などと言い換えて、本来の言葉の意味をぼかし、反道徳的なことを美化させてしまうことがあります。

昔は「火遊び」と言っていたものを「不倫」や「自由恋愛」、「人さらい」を「拉致」などとわかりにくい言葉に変えてしまいます。それらの例は日常生活の中には数えきれないほどありますが、横文字や造語で逆に判断できなくなる言葉がたくさん存在します。

これは決して非難しているのではなく、言葉は文化ですから当然変わっていくものですが、「お役人」を「官僚」、「金貸し」を「銀行」、「羽織ゴロ」を「新聞記者」などと言葉を変えることによって、反対に社会の見方が変化してきます。言葉は人を差別もしますが、職業や人間性まで違った目で見るおそれも含んでいます。

それは国家でも個人でも同じことです。たとえば特攻による若者の無惨な死を「玉砕」と言いましたが、その言葉はきれいな玉のように砕け散るという意味です。やっているいることはまったくの無謀なことで、決して美しいものではありません。

やがてその言葉は広がりを見せ「一億総玉砕」などということにもなりましたが、一つの言葉によってわたしたちの心は高揚しますし、本当に美しいことだと錯覚していきます。

彼らの御霊《みたま》を「英霊」とも言いました。それは「英華秀霊」という言葉からきていて、才能がある人、英才が集まるという意味です。

わたしたちは言葉を置き換えて、その行為を、なにか精神性があるもののように感じ、多くの若者を死に追いやりました。言葉によって人はいい方向にも悪い方向にも導かれていきますが、使う言葉には改めて慎重でなければという気持ちにもなってきます。

民族同化と民主主義

わたしが嫌いな言葉の一つに「植民地」という言葉があります。この文字は今も世間に流通していますが、聞く度に厭な思いになります。これは人間を土地に植えつけるということで、もともと住んでいた人々を権力や暴力で追い出し、そこに自分たちの意のままになる人々を移動させ、住み着かせるということです。

それはどういうことかと言いますと、そこがいい土地だったり、軍事上も必要な土地だったりしますと、わたしたちは欲しくなってきます。そこで敵対する人間とそうではない人間を入れ替えますと、政治はやりやすくなります。

たとえば東北に金があると知ると、当時の大和族は執拗《しつよう》に攻めて行き、やがてはかつての住民を追い出し、関東にいた人々を流入させました。それでその土地を支配しやすいようにするのです。

日本が満洲に多くの開拓団を入れたのもそうでしたし、今日でも多くの国々が同じ政策をとっています。中国が南モンゴル、チベット、ウイグルで行っています。それで民族の言葉を奪い、宗教を替えさせ、文化を奪い、人々の意識を変えて自国化させていくのです。

民族の同化ということです。それは古代においても同じことで、出雲族や安曇《あずみ》族などたくさんの氏族がいましたが、力ある大和族が支配し混血を進めていったのです。藤原氏や平家でも同じことです。娘や孫が結婚すれば、自分の血が後々の天皇家につながり、権力を行使できるということになってきます。

戦時中に頻繁に使われていた言葉の中には、戦勝国によって使うことを禁止された言葉もあります。「王道楽土」や「八紘一宇」という言葉もそうですし、英霊や神州という言葉も今は死語です。

神州という言葉は日本が神の国という意味ですが、「神州不滅」と言っていたくらいですから、他国に対して傲慢《ごうまん》な態度も見え隠れします。しかし当時の国民の多くは本気でそう思っていたはずです。神様はわたしたちが創ったものですが、当時の神は天皇です。

ちなみに「玉音放送」の「玉音」は最も貴い人の声ということで、天皇の言葉ということになります。「玉座」といえば天子や君主が座るところ、日本では天皇が座るところとなります。

「神国」も「神州」も今は使うことがなくなりましたし、そんなことを言うと、思想的なことを問われる社会にもなってしまいました。二十数年前の総理大臣が、「日本は神の国」と発言して物議を醸したのを見ても、すっかりアメリカの政策が行き渡ったという気もしてきます。天皇が人間宣言をしましたし、戦後日本は民主主義の国となったわけですから、そのことに従って政策を行うということでしょう。

わたしは個人的には民主主義という言葉を信用していませんが、北欧の王国、ヨーロッパの共和国、あるいはモナコのような公国、ロシアのような連邦国、アメリカやメキシコのような合衆国、そして社会主義国でも、異口同音に、「民主主義国家」と唱えます。

スリランカは民主社会主義共和国、ラオスは人民民主共和国、コンゴは民主共和国、北朝鮮は朝鮮民主主義人民共和国、ネパールは連邦民主共和国と名乗り、世界では多くの国家が民主主義という国名をつけています。

だが実際にそういうふうに運営されているでしょうか。甚だ疑問です。また共和国というのは君主を置かない国家のことで、大部分が大統領制の国で、いろんな民族が集まって仲良くしようということです。

あるいは中華民国や大韓民国など、「民国」という国名が入ったものもあります。その民国というのも、共和国と同義語のものです。また人民という言葉は、国民という意味合いに近いものとして使われています。

これにも多くの部族の人々が仲良くして、いい国にしようという願いが込められています。時代とともに言葉も変化して使用されなくなり、死語となっていく言葉は数え切れないほどあります。

「平氏」と「平家」の戦い

江戸時代から明治時代に変わる時、「幕府直轄地」という言葉がありました。幕府が最も重要視し、いい港があり、交通の利便性が高いなどの理由で直接支配していた土地のことです。

徳川幕府領・幕府領などとも呼ばれ、佐渡金山・石見《いわみ》銀山などいろいろとありました。それが明治になると、みな「天領」や「御領」などと呼ばれるようになりました。

徳川直轄地が天皇のものとなったのです。ほんの少し名前を変えるだけで、わたしたちの意識は驚くほど変わり、多くの人々がもともと天皇のものだったと思うようになります。

言葉を奪われるということはそういうことだと考えます。戦勝国が自国語を教えたり、母語を禁止したりするのはそのためで、敗戦国の日本も例外ではないと思います。それに土地というものは勝った者のものです。

「国・國」という文字があります。口は本来土地を表します。土地の中に干がいる。それが国。中に貴い「玉」という字を置いても国という意味ですし、旧字の國という文字は或という文字が入っています。

このことは戈（武器・武力）によって民衆の生活を支える意味だと、以前中国の知識人から聞いたことがあります。それが本当のことかどうかは判然としませんが、彼らがそういう意識を持っているのだということはわかりました。

また「困」という文字もあります。口の中に木の文字を入れると困る、つまりいろいろと問題が生じるということになるので、紫禁城の場内には木がないのだとも彼は言っていました。その城造りの影響を受けている沖縄の首里城も、場内に木がないのだと教えてくれました。

あるいは「源平合戦」という言葉があります。源氏と平氏の戦いのことですが、実はあの戦いは、源氏と平氏が分かれて戦ったものではありません。

源頼朝は源氏出身ですが、その取り巻きの多くは平氏です。頼朝を担いだ千葉・上肥・三浦・北条氏もみな平氏で、坂東八氏とも呼ばれていました。新田・足利氏など源氏もいましたが、関東における勢力は平氏に遠く及ばないものでした。

そのうち源平の戦いになるのですが、源氏の側に平氏もいましたし、「平家」の下にも源氏の武士はいました。厳密に言いますと、源平の戦いは源氏の棟梁《とうりょう》である頼朝を平氏や源氏が担ぎ、伊勢平氏である清盛の親族と、他の平氏や源氏がともに戦ったということになります。

だから源平の戦いは、頼朝率いる源氏と平氏の戦いではなく、実際は源頼朝と平氏を中心としたグループと、伊勢平家を中心としたグループとの戦いということになります。一般に平家の落人《おちうど》と言いますが、平家ばかりではなく、落人には平氏も源氏もいたのです。

頼朝の子どもや孫、弟の範頼や義経まで、源氏の一族はすべて悲劇的な死に方をしています。そこには平家以外の平氏の政権取りがあったということです。

平氏に囲まれた頼朝は、本当は神輿《みこし》に乗せられた人物だったと穿った見方もしてしまいます。平氏が源氏の棟梁を立てたという図式です。

頼朝の死因も諸説あり、落馬が原因とも言われていますが、当時の馬は現在のサラブレッドと違い、小さなものです。本当だろうかという気がします。頼朝以下の親族の死は、血を絶えさせる行為のような気もしてきます。

もちろん個人的な思い込みですが、一族の死が悲劇的すぎるからよけいにそう感じるのでしょう。現在のように選挙制度がない時代です。相手を倒して権力を獲るのですから、悲劇から逃げられないのも権力者の宿命のような気がします。源氏が本当に天下を獲るのは、足利尊氏が出てくるまで、待たなければいけないということになります。

わたしは島巡りをするのが好きで、ずいぶんと訪ねましたが、源平の戦いは相当にすごいものだったと実感したことがあります。平家が治めていたどんな小さな島にも、勝った源氏の武士が押し寄せて、支配するようになっていたのです。

それを知った時に学校で習ったよりもずっと激しく、国内を二分した戦いだったのだと気づかされました。

幕府・天皇・GHQ

そして戦国時代まで、その渦中には常に天皇がいるのです。国は天皇のもので、それを手中にしようという意識が根底にあるからです。日本の国内の戦争はみな土地争いが絡んでいるということになります。

ですから徳川幕府が倒れると、また天皇の土地に戻りましたし、日本が負けた時には戦勝国のアメリカのものになったから、農地改革ができたということになります。あの改革は日本の政治家がやったのではありません。小作人の中には、アメリカの政策に喜んだ人々もいるはずです。本来土地というのは誰のものでもありません。その土地を有効に使って、自分の生活を豊かにするというのが一番の目的で、値段が上がったり、下がったりするのはいけないことなのです。

お金のように価値が変動すれば不動産ではなく、動産ということになってきます。その不動産が、戦後、動産のようになっていることに問題があり、貧富の差が拡大する要因にもなっています。

維新では天皇を担いだ薩長が勝利しましたから、「幕府直轄地」は「天領」という名前に代わりましたし、日本が戦争に負けたから農地改革ができ、「国有地」という言葉ができたということになります。

戦前、あちこちに入植した開拓団が、自分たちのことを天皇の「赤子《せきし》」と言ったのもそのためです。赤子は君主、つまり天皇に対して国民をその子どもにたとえた言葉です。

成田闘争の時に農民が裏切られたという気持ちになったのも、自分たちが入植し、赤子として頑張ってきたのに、ようやく開墾した土地を、なぜ取り上げるのかという思いがあったからです。なぜそこに飛行場を造るのかと憤ったのです。

ＧＨＱの命令による農地改革によって地主から解放されると、喜んだ小作人は多かったし、原爆や空襲で民間人を殺戮したアメリカに対して、口には出さなくても、「民主主義国」になったことに快哉を叫んだ人はいたはずです。

しかし、今日、その私有地権限が緩みすぎて、日本の物価高騰の一因になっていることも、また間違いありません。

土地が上がれば物資を運ぶ値段や通勤費も上がります。家を建てるにも高速道路や鉄道を敷くにも、土地を買収する値段が高騰します。日本のように高速道路を走る時に、料金を取る国はほとんど存在せず、無料の国が多いのに、わたしたちはいつまで経っても高い通行料を払っています。

土地が高いということは他の物価も上がるということです。行き過ぎれば土地を持っている人たちだけが豊かになり、格差社会が生まれてくることにもなります。バブル経済がその典型でした。

なにも働かなくても、土地さえ持っていれば、そこにアパートやマンションを建て、あるいは大手の企業に貸して、豊かな生活ができるということになります。近年、都市近郊では農家をやらず、そうした不動産業などの仕事に乗り出しているのはそのためでしょう。

もっとも、彼らにも地価が上がりすぎて、税金対策をしなければいけないという悩みも出てきます。個人の相続税も高くなって苦労するということになります。不動産が動産になれば、本当は誰もが苦しむということになります。物価が高いので、その豊かさを実感できないのです。

よく酒場などで先祖伝来の土地と言う人がいますが、個人が土地持ちになったのは近年のことです。先に土地は勝った者の所有になると述べましたが、では天皇がすべての国土を持っていたかというと、実際はそうでもありません。

天皇家が力を失った大本の理由は、七四三年に墾田永年私財法ができたことでしょう。荘園の始まりということになるのですが、そのことによって、貴族や寺社たちの力が強くなってきました。

天皇の土地よりも彼らの土地で働いたほうが、納税も少ないので実入りもよく、藤原氏を筆頭に、貴族たちの土地は飛躍的に伸びていき、やがては武士の台頭を許すことになっていきます。

大雑把な言い方ですが、その武士と天皇・貴族の争いが、平安末期から戦国時代へと、何百年も続いていくということになってしまいました。

正法・像法・末法

お酒を飲めない人のことを今日でも「下戸《げこ》」と言います。また「世も末」だという言葉もあります。いずれも現代まで生き続けている古い言葉です。上代に目を向ける時、わたしはこれらの言葉に強く惹《ひ》かれます。

なぜなら、それは政治制度と人々の不安を表した言葉ではないかと思っているからです。一つにはお酒が好きだからということもありますが、もう一つには仏教に多少は関心があるからかもしれません。

といっても浅学の身ですから上辺《うわべ》だけのことですが、律令政治時代の「戸」は課税単位のことを指し、「大戸《おおど》」「上戸《じょうご》」「中戸《ちゅうこ》」そして「下戸」という課税対象者の立場を示すものです。

当時は、なにかの普請や荷役を行う場合、庶民は無給で働かされました。その時、二十一歳から六十歳以下の健康な成人男性を八人以上出せる家は「大戸」、六人から八人出せるのが「上戸」。そして「中戸」は四人から五人、三人以下しか人を出さない家は「下戸」とされていました。また富める者を「上戸」、貧しい人を「下戸」とも呼びました。

そうやって仕事を終えた慰労の席や婚礼などの祝宴では、「大戸」や「上戸」の人たちはたくさんお酒が飲めて、「下戸」には少量のお酒しか提供されなかったので、そこから転じて、「下戸」はお酒が飲めない人たちを指す言葉になったのです。

お酒を飲むと怒りっぽくなる人を「怒り上戸」、泣き出す人を「泣き上戸」と言ったりするのは、大量に飲み感情を抑えきれない人のことで、これは今でもよく言われます。もはや使われなくなった言葉に、「下戸の肴《さかな》荒らし」というのがあります。お酒を飲めない人は、その代わりに料理を食い荒らすという意味です。

平安末期は、朝廷と武士たちの土地争いが激化した時代で、平氏や源氏が台頭してきて、大変な混乱の時代となりました。そのことと、釈迦の入滅から二千年経った、いわゆる末法《まつぽう》の世という考えが重なって、「世も末」と言われ出しました。

釈迦が生まれた年は諸説ありますが、日本では平安時代末期から鎌倉時代にかけて、末法思想が広がりました。それと同時に浄土宗・浄土真宗・時宗などの浄土教、あるいは日蓮宗などの新しい宗教が興りました。

浄土宗は法然、真宗は親鸞、時宗は一遍、法華経は日蓮が開きました。浄土教系は「南無阿弥陀仏」と称え、日蓮宗は「南無妙法蓮華経」と称えます。

キリスト教で「アーメン」と称《とな》えるのも同じことで、イエス・キリストがおっしゃることに恭順するということです。

浄土教系が信仰する阿弥陀様の梵名《ぼんめい》はアミターバと言い、「はかりしれない光を持つ者」、光の光源と考えられています。南無は古代梵語の阿吽（あ・うん）からきていますし、アーメンと同じ意味です。

阿《あ》は口を大きく開けた時の表記音、吽《うん》は口を閉じた時の表記音で、そこから万物あるいは宇宙の始まりと終わりを表す表音とされています。ちなみに「あいうえお表」も英語のアルファベットも「あ」から「ん」、「A」から「Z」と書かれているのは、始まりから終わりという意味で作られています。

仏教ではそこから阿吽の意味が転じて、すべてのことに恭順するという意味になりました。それは南無阿弥陀仏なら阿弥陀様の言うことに、日蓮宗なら法華経の釈迦の教えに、もう一度戻って信仰をするということです。

それだけ日蓮は世の中が乱れていることを憂い、釈迦の教えに戻れと説いたのです。世の中が戦で荒れ、飢餓《きが》で人は死に、人心は乱れていたからです。いわゆる末法思想が現れたのです。

釈迦が入滅して五百年までを「正法《しょうほう》」、五百年から一千年までが（一千年から二千年という説もあります）「像法《ぞうほう》」、その後は「末法」の時代と考えられていました。

正法は釈迦の教えが正確に伝わる時代のことで、「浄法」「妙法」ともいいます。法華経のお題目の「妙法」もここから取られています。

「像法」は釈迦の言ったことが、まだいくらか似た形で伝わる時代。そして「末法」は、全く伝わらない時代になるということです。平安末期がちょうどその末法の世界に入っていく時代だから、「世も末」という言葉が生まれたのです。

確かに人々が嘆くように世の中は乱れ切っていました。荘園公領制ができてから逆に土地の争いが起きたのです。

九〇一年「昌泰《しょうたい》の変」、九四〇年「平将門《たいらのまさかど》の乱」、九六九年「安和《あんな》の変」、一一五六年と六〇年の「保元《ほうげん》・平治《へいじ》の乱」、一一八五年、平家が滅んだ「壇之浦の戦い」など、これ以外にも数えきれないほど多くの戦いがあり、源氏や平氏の一門が入り乱れて戦ったということになります。

その間にも天然痘の流行、九九九年には富士山の爆発、一一八一年には養和《ようわ》の大飢饉もありました。一般に末法は一〇五二年頃から入ったとされていますから、民衆が世も末と畏怖するのは当然のような気がします。

京都の下鴨神社の次男として生まれた鴨長明《かものちょうめい》が『方丈記』で、「行く川の流れは絶えずしてしかも元の水にあらず。淀みに浮かぶ泡沫《うたかた》はかつ消えかつ結びて久しくとどまりたる例《ためし》なし」と無常を嘆いたのもこの頃です。政争や飢餓や天変地異ばかりの時代でした。

消された龍馬と西郷の顔

事情は近現代でも同じです。経済が安定せず、疲弊し食べていくことが困難になってくると、必ず政権は持たなくなりますし、瓦解します。近代の日本やヨーロッパの歴史を見ても、そうなると他国の領土を奪いに行ったり、戦争をしかけたりします。

武器を造ったり消費が増えたりして、需要が生まれて潤うからです。資本主義は消費しなければ発展はありません。たった一つの中華鍋や南部鉄の鍋を一生使えば、経済は停滞し前に進みません。

そしてある程度経済が安定していれば、わたしたちは我慢しますし、政権を支持もします。日本がこの七十数年、ほぼ一党政治が続いているのもそのためですし、そういう意味では、アメリカは日本を政治的にうまくコントロールしているということになります。

農業の抑制政策や一軒家政策も、また航空機製作をさせないのも、鯨を捕らせず牛肉を食べさせるのも、日本の独立を許さないための政策でしょう。

農業が進展しなければ自国の農産物を買わせることができます。一軒家を増やせば土地を潰していくこともできます。鯨を食べさせなければ、アメリカの牛肉を食べさせることができるという論法です。

航空機を造らせないのは、軍事力を再び高めさせないためでしょうし、航空機を言い値で買わせることもできます。敗戦後の日本がアメリカに、物を多く輸出できるようにしてくれたのも、そうしておけば日本を操作できるからで、真の経済的・政治的な独立はさせないということです。

食料を調整していれば、日本国民を従わせることができます。羊は食む草がある間は周りのことには関心を示さず、一匹の犬の動きに左右されるということです。

もし古代の秦が万里の長城を造らなければ、もし日本が百済を応援に行かず、白村江の戦いをしなかったら、あるいは元寇がなく、秀吉が朝鮮出兵をしなかったら、日本国内の経済は破綻せず、それぞれの政権は続いていたかもしれません。

経済の破綻は必ず政変を起こします。江戸幕府が倒れたのも同じです。鉄砲ならお城は大丈夫ですが、遠くまで飛ぶ大砲にはひとたまりもありません。

徳川幕府が続いていたのは鎖国のおかげでもありますが、薩長との国内戦争や外国との戦争となれば、大量の武器が必要になり、その購入には莫大な資金が必要になります。

この時暗躍したのがイギリスやフランスの武器商人ということになります。なにも坂本龍馬がいたからではありません。むしろ彼のことを疑えば、なぜ亀山社中や海援隊をつくり活躍できたのかと考えるほうが、歴史の勉強にはなります。

何かを隠すために、あることないことが作られたと考えるほうが正鵠を射ている気がします。たとえば彼は、秘密結社のフリーメイソンだったという噂もあります。もしそのことが真実だったという文書が発見されれば、彼に対する見方も史実もまったく異なってきます。身分制度の厳しい時代の一介《いっかい》の脱藩者にしては、坂本は、あれもこれも、何でもできた聖徳太子と似ているところがあります。

架空の英雄を作り、その人物に光を当てて闇を隠すという方法です。近江屋事件では、中岡慎太郎は数日間生きていましたから、なんらかの言葉を残していたはずなのに不思議な気もします。

龍馬の暗殺の黒幕には薩摩藩説、土佐藩説、新撰組説、会津藩説といくつもあります。もし龍馬がそれだけ重要人物で、維新に多大な貢献をしたとすれば、どんなことがあっても、「薩長土肥」は真相を探るのではないでしょうか。

いろいろな言葉を書き残すことによって、真実が見えなくなるのと同じように、様々な人物像を仕立て上げることで反対にわからなくしてしまうのです。個人的には今日の坂本龍馬像は好きですので、何度も土佐に行きましたし、闘犬を下敷にして小説を書いたこともありますが、「正史」ではないのではという疑念もあります。

それは西郷隆盛の銅像にも言えることです。今では西郷さんがどんな顔だったかわからなくなっています。わかればそこから真実の歴史や事実を探っていくことができますから、まずいと考えたのかもしれません。

小説やテレビで描かれる西郷はわたしも好きですが、その西郷は二度土佐に行っています。その時、下駄を作ったおりに、身長は百七十六センチから百七十九センチ、体重は九十キロから百一キロという記録が残っています。するとわたしには上野の銅像は太りすぎだという気もしてきます。やはり創作ではないかと思ってしまいます。世の中が反転すれば、歴史の見方も変わりますから、勝海舟や岩倉具視に対する見方も変わってきます。

薩長閥の黒い影

文字を残していた者や書かれていた者だけが歴史に浮上してくるのです。文字が歴史をつくるという由縁です。

なにが正しくてなにが悪いということは歴史にはないと思います。歴史が反転すれば、今は時の流れに沈んでいる人物が再び浮上してくることはありますし、思いもかけなかった人物が立ち上がってきたりすることは、歴史が証明しています。

人は真実を知りたくて探っていきますし、隠された真実を暴いたりもします。今日では、天皇家に味方した楠木正成や、『神皇正統記《じんのうしょうとうき》』を書いた北畠親房などが崇敬を集め教科書にも載っています。

楠木正成は鎌倉幕府打倒に貢献した人物です。北畠親房の『神皇正統記《じんのうしょうとうき》』は神代から後村上天皇重祚《ちょうそ》までの歴史をたどり、天皇をこの国の最も貴い存在であると説き、三種の神器の意義などを記して後世に大きな影響を与えました。

三種の神器は八咫鏡《やたのかがみ》・天叢雲剣《あめのむらくものつるぎ》（草薙剣《くさなぎのつるぎ》）・八尺瓊勾玉《やさかにのまがたま》のことで、天皇になる人が受け継ぐ宝器です。現在、八咫鏡は伊勢神宮に、天叢雲剣は熱田神宮に、八尺瓊勾玉は皇居にあるとされています。

もし賊軍にされた徳川家が勝っていたら、薩長との徹底抗戦を唱えた小栗忠順《ただまさ》や新選組の近藤勇・土方歳三は徳川慶喜や勝海舟らとは、また別の評価が下されていたはずです。

英雄も代わるということです。歴史は勝者のものと言われますが、それは当然のことで、どんな歴史にも闇は存在します。それを見せるか見せないか、暴くか暴かないかは時の判断というものでしょう。

そういう意味では明治維新は、世の中をひっくり返した革命ということになります。勝った薩摩・萩（長州）藩は新たな天皇国家を造ろうとして神仏分離を始め、なにもかも変えてしまいました。

欧米の制度を採り入れ、列強に支配されないように頑張ったのは事実ですが、日本の文化まで破壊したと個人的には考えます。後から振り返ってのことですからなんでも言えますが、天皇を頂点に国家造りを行った彼らの政治は、実は敗戦まで暗い影を落としています。

それは軍人官僚の出身地を知ればわかります。石原莞爾や東条英機を始め、多くの軍人は反薩摩・萩藩出身の人物が多いようですし、今日の原発の多くはどこに造られているかと地図を広げますと、圧倒的に旧徳川方についた藩が多いことがわかります。福島・東海村・福井・松江というふうにです。

もっとも例外もあるので一様ではありませんし、わたしの勘繰った見方だとは思いますが、薩長の派閥はまだ続いているのではと思ってしまいます。画家や文人に茨城や高知・福岡から多くの人たちが輩出しているのも、政治分野に進みにくかったからではないかとも考えます。たとえば廃仏毀釈においては、薩摩は藩内の寺院の多くを壊してしまいました。

当時薩摩藩（鹿児島県と宮崎県の一部）では千六百十六あった寺院は破壊され、三千人近くいた僧侶も多くが還俗させられています。西洋化を急ぎ、彼らに攻められないためにも軍備を進めなければなりませんでしたから、すべてが神道国家造りのためということではありませんが、薩摩藩は潰した寺院の釣り鐘や仏具の金属を溶かし、大砲や武器を製造しました。

寺院や仏像を悉《ことごと》く壊してしまうのです。怨霊《おんりょう》・祟《たた》りをもっとも恐れる国民ですから、なんらかの意味付けが必要で、壊す人間は恐れたはずなのに、それが全国的に行われたのです。国の内外は今のわたしたちが想像するより、はるかに変化していたのです。

薩摩では除夜の鐘を聞くことができなかったといわれるほどです。

また伊勢では神宮があるということで、百以上が廃寺になっていますし、全国で被害にあった寺院は、それこそ数え切れないほどです。

日本文化を破壊した「廃仏毀釈」

本当に廃仏毀釈は全国的に凄まじいものがあったようです。それらのことを書いた書物はいろいろとありますが、薩長は仏教文化を、強いて言えばそれまでの日本の文化を破壊してしまったのです。今日なら国家遺産とされるはずの仏像や絵巻を、わたしたちは見ることができなくなったのです。

それまで神仏習合だった寺社は切り離され、神社は官幣社・国幣社とに分け、国や都道府県から幣帛や幣物を受けて、手厚く保護されるようになりました。

そうして近代社格制度を新たに作り、天皇国家を構築しようとしたため、寺院は粗末に扱われ、僧侶の生活は困窮する有様でした。現在、戒名をつけてもらいお金を渡すのも、高い墓石代も払うようになったのも、寺院が生きていくための方法でした。

あるいは初七日・四十九日・一年忌・三回忌・十三回忌・百回忌とインドや中国・日本のさまざまな忌日や法要を行い、節目ごとにわたしたちが供養し、お寺になにがしかのお金を受け取ってもらうようになったのも、彼らの生活が立ち行かなかったからです。

お寺に行けばいくらかの供養代を払いますし、お盆に檀家にきて念仏を唱えて、何がしかの香典を受け取ってもらうのもそのためです。国家の政策によってなにもかも変わりましたが、極め付きは維新の廃仏毀釈ではないでしょうか。

今日、あまりにも戒名や葬儀代、墓地の値段が高く、わたしたちの檀家離れが激しく進んでいますが、それも元は廃仏毀釈に原因があるとも考えられます。

日本は豊饒な文化を持っていたのに、もったいないことをしたという気持ちがあります。日本人が意識を変えさせられたのは、この廃仏毀釈と戦後のアメリカから導入された「民主主義」ではないかと考えます。

現在では多くの人たちが無神論者というのも、本当は仏教弾圧のせいですし、明治から戦後まで、仏教と他の宗教とが融合した新しい宗教が多く生まれたのも、そのことが要因と言えます。また当時の宗教団体は驚くほどの政治献金をしています。潰されないように、あるいはこれ以上弾圧を受けないように苦心したのです。

そして最も国民を恐れさせたのが、明治四十三年（一九一〇）の大逆事件ではないでしょうか。今日では警察によるでっち上げの事件だと多くの人は認識していますが、一九〇八年から施行されるようになった大逆罪は、政治的弾圧に容易に使われるようになりました。

大逆事件は長野の社会主義者・宮下太吉が、爆破物取締罰則違反で逮捕され、その後、幸徳秋水・管野スガら二十六名が逮捕され、証拠不十分のまま翌年に十二名が死刑になった事件です。彼らの多くは社会主義者・無政府主義者・キリスト教徒らで、天皇君主国家を揺るがすと思われた人々です。

その後、国民は一段と弾圧に怯え、無宗教という言葉が使われ出したのです。維新から敗戦まで世界は激動の時代で、日本もその渦に巻き込まれましたが、いつの時代も悲劇はなんの罪もない人々に襲いかかってきます。

第三章

アメリカは戦後の日本に何をしたのか

飢えの恐怖との闘い

この百五十年で日清・日露・大東亜戦争と悲惨な時代が続き、犠牲にならなかった国民はいないほどです。それらの人々のおかげで今日の繁栄があるのですが、戦争が起こって喜ぶ人は誰もいないはずです。武器商人たちがいるではないかと言われたことがありますが、彼らが潤っても一時だけのものです。

原爆を投下されたことや全国各地が空襲を受けたことを思えば、悲劇を免れなかったことは明らかです。武器商人の身内だって戦地に行くでしょうし、戦争が深みにはまって行けば、回り出した歯車のように誰も止められなくなります。

どんな戦争でも、悲惨で悲劇に終わるということはわかっているのに、わたしたちは過ちを犯し続けてきました。

一つには人間の歴史が飢えとの闘いだということがあります。自分たちが生きていけなくなれば、豊かに暮らしている者の土地を奪いに行きますし、自分たちのものにしようとします。

ロシアが南下政策を宿命としているのも、不凍港が必要だからですし、中国が海洋進出を図っているのも、太平洋への出口がほしいからです。それは植民地時代と大本は変わっていません。日本人がアジアやアフリカに経済支援を行い、人的交流をするのも、そこに金や銀・石油や資源があるからです。

稀少物質が確保できれば先端技術で優位に立てます。国内で伊勢や熊野、あるいは金を産出した東北や石見銀山などの争奪戦が、何世紀にもわたって行われたのもそのためです。人間は自分たちが生きるためなら、別の人間の生殺与奪を平気で行うということです。

わたしたちも動物と同じで、自分が生命の危険に追い詰められると、とんでもないことをやってしまうということです。人間はどんな動物よりも物事を考えられますから、繁栄して地球上の覇者になったのですが、他の民族や文化、そして生きることに大切な宗教も奪い、属国化させたり、意識を変えさせたりして支配下に置き、自分たちが生き延びようとします。

そのことは歴史が続く限り消えることはないと思います。戦争は領地や宗教、領地の争いから起こると言われていますのは、飢餓との闘いが根底にあるからです。

先人たちの犠牲を糧《かて》として、敗戦後、わたしたちは歴史上もっとも豊かになりました。減量を気にして生きている時代は、これまでなかったはずです。テレビでは毎日のように、若いタレントや漫才師が食べ物の話をし、料理を作る番組が氾濫しているのも、長い歴史の中ではほんの一時《いっとき》のことにすぎません。

施政者の最も大切な仕事は国民の土地、ひいては自国を守るということで、そのために軍隊を持つことにもなります。恵まれた人間が私兵を雇い、中世に武士が台頭したことを思うと、人間も他の動物となんら違いはなく、潜在的に常に飢餓の恐怖を抱いていることがわかります。そのために助け合い、共に生きなければならないのですが、必ずしも社会はそのようには進みません。

むしろ逆に進んだりもします。わたしたちの欲望が邪魔をしますし、本来なら国民を守るために存在する軍隊が、国民を攻撃したりもします。ある特定の人間が私利私欲に走れば、独裁政治や全体主義になっていくというわけです。

よく組織や会社のため、あるいは国のためと言う人がいますが、私利私欲に走った人間の最後の拠り所が、そういう言葉でもある気がしますが、結局は自分のためにやっているということになります。

わたしは組織のため、国のためだという人々は信用しません。戦前の軍部のことを思えば、破滅はあっても発展はないと考えます。反対に国を守るということはなによりも大切で、自国をどうやって守るかということは、他人や他国まかせではいけないと考えます。

歴史を振り返れば、同盟国が最後まで同盟を守るということは少ないものです。なにがなんでも守ろうとするのは、そこが自国にとってなによりも重要で、もし陥落させられれば、自分たちも危ういという時に懸命に戦います。

そういう時に助けてもらおうとする国は、先兵隊とならざるをえません。自国が強くなければ国は守れないということは、歴史が証明しています。

被占領国だったフランスの自立国家再建

ところが、軍事費が増えれば国民の生活を圧迫し、経済が疲弊するということになります。そうなれば政治体制も弱体化していくことになります。その証明もすでに歴史が提示していますし、武器を持っている人間は、いつか必ずそれを行使するという事態も生じてきます。

政治だけでは抑え込めないものが、常に付きまとうということになります。たとえば第二次大戦の時に、フランスはドイツ軍に侵攻を許し、パリは陥落してしまいました。フランスはナチス・ドイツの占領下に置かれ、ド・ゴールはイギリスに亡命しました。

そして戦争の終盤に連合軍はノルマンディー上陸作戦を行い、フランスの解放を目指しました。イギリスのチャーチルは、自国を解放してもらうド・ゴールに、これから多くの若者が死ぬかもしれないが、きみの祖国を救うのに、何人の兵士を出させるのだと訊きました。

ド・ゴールが千人しか出せないと応じると、チャーチルはそれだけかと言い放ったそうです。ドイツに占領され、しかも連合軍に解放してもらったことを、フランスの軍人や知識人たちは屈辱とし、戦後の国家造りに取り組みました。

まず独立と自立を念頭に農業に力を入れ、世界でも有数の農業国になりました。今日、わたしたちがおいしいワインを飲めるのも、そのためかもしれません。

エネルギー政策を重視し、原子力発電に力を入れました。石油利権はアメリカの石油メジャーに支配され、アメリカは政治力と資本力で石油を採掘し、莫大な利益を得て、売買もドル建てですので、価格は常に彼らによって左右されていました。

それでは到底自国の保全も独立もありません。フランスは石油に代わるものとして、原子力発電に舵を切り推進したのです。

今日の視線から見ますと、原子力発電にはさまざまな問題が生じ、その最たるものがロシアのチェルノブイリ原発事故や、日本の福島原発事故となるのですが、いざ事故があった時の恐怖よりも、大戦で悲惨な目に遭った当時では、背に腹は代えられないという気持ちがあったのかもしれません。

また、軍事力を高めるために、当時最速のジェット機、コンコルドを造りました。航空機は大きな軍事力になります。農業・原子力・戦闘機と開発を進め、なによりも外国に侵略を受けない、自分たちの国は自身の力で守るという国家に仕立て上げたのです。フランスが今日でも、アメリカを始め大国にものを言い、堂々としているのも、自立国家になったことが根底にあります。

ヨーロッパの多くの国々がユーロ圏を作ろうとしたのも、そうした意志の表れです。石油の輸入をユーロ建てにするということは、当時の社会主義国やアメリカの力に屈服しない集合国家を建設しようとしたということです。

そういう視点から見れば、あのイラク戦争の意味もわかってきます。フセイン政権は、アメリカを中心としたドル圏の国々によって潰されてしまいました。石油＝エネルギーが世界を左右することを、各国は改めて認識したはずですが、その争奪にあたって、フセインがユーロ建てを考えたから、戦争になったという図が現れてきます。米英日のドル建て圏と、独仏伊などヨーロッパのユーロ圏のせめぎ合いということになります。

翻《ひるがえ》って日本はどうでしょう。近年まで日本の食文化であった鯨のことはどうでしょう。戦後生まれのわたしは、子どもの頃には鯨肉をよく食べていました。いろいろな料理方法があり、実に美味しいものでした。当時は肉と言えば牛肉でも豚肉でもなく、鯨肉のことを指すほどでした。

それが今は高級品になり、滅多に口にすることができなくなりましたが、それも捕鯨が禁止されているからです。そうなって反対に、牛肉や豚肉が食卓に並ぶようになりました。それも国産の物ではなく、アメリカやオーストラリアからの輸入品が大量に流通しています。国産は美味しいのですが、価格は大変に高いものです。

なぜ鯨を食べられないのか

しかしここでよく考えてください。捕鯨に一番反対しているのは、アメリカとオーストラリアです。実はこの二国は牛肉を最も生産し、日本に輸出している代表的な国です。

捕鯨が続けば、彼らは自国の牛肉が輸出できないということになります。その上、我が国はアメリカから多くの肥料を輸入しています。国産の牛肉が高くなる理由はここにもあります。

また世界の都市で、日本ほど一軒家が多いところはないはずです。フランスでもドイツでも、都市の住宅はほとんどが集合住宅です。実は一軒家が増えれば、つまり食糧が生産できる土地が減少するという構図になってきます。

そんなこともあり、日本の食料の自給率は、先進国では最低水準にあります。二〇二一年の食料自給率は、三八パーセントにすぎません。残りは輸入に頼っているということになります。

輸入先が不作になったらどうなるでしょう。いつ食糧不足になるかわからないということになります。そのことは今のロシアとウクライナの戦争からも一目瞭然です。ちなみにカナダは二六四パーセント、オーストラリアは二二三パーセント、アメリカは一三〇パーセント、国土が広くないフランスでも一二七パーセント、ドイツでも九五パーセントあります。

どこの国でも自国民を食糧難に陥れない政策を取っています。日本は海も山もあり、その上、水も潤沢にあり、世界有数の自然が豊かな国です。だから昔から人口が多いのです。いくらでも農業生産を上げられるはずなのに、そうはなっていません。そう言うと、山が多く耕す土地が少ないからだと反論されます。

笑止というほかはありません。この機械化の時代にという思いにもなりますし、もしそうであっても、政治がそちらのほうに目を向けていないからだということになります。あの山国のスイスさえ、五〇パーセントの自給率があるのです。

なおかつ世界でも優秀な技術力を持つとされている日本人が、未だに自国の航空機に乗れません。それは戦闘機開発につながるからだということはすでに書きましたが、航空機製造技術が進めば、いずれは軍事大国になるというわけです。

それゆえに航空機も自国を守る戦闘機も、およそ武器といわれるものは、アメリカから買っているということになります。

そして戦後日本は、エネルギー資源を石炭から石油に切り替えました。そのことで南の沖縄から北海道の突端まであった石炭産業は、まったく消滅してしまいました。

産業界に一大転換があったのです。戦前に一ドル一円だったのが、敗戦で一ドル三百六十円になりました。つまり国力が三百六十分の一に弱まったということです。三百六十円になったのは、単純に円の一周が三百六十度だったからです。

当初の石油は一バーレル一ドルで輸入することができ、はるかに経済効率がいいものでした。石炭に比べ安価な石油エネルギーで日本は発展して行ったのですが、そのうち石油の値段が高騰してきました。当時はまだ一ドル三百六十円の固定相場ですし、価格が上がれば世界との競争にも勝てません。

ではどうすればいいのでしょう。危険を承知で原子力発電の建設に向かったのです。

そしてあの事故です。わたしは人間が処理できないものを作ってはいけないという考えですが、他の国々も次々と原子力発電を造っています。

エネルギーの安定を望まない国はありません。それでも安易な考えや便利なものには必ず危険が伴います。飛行機や新幹線で早く目的地に行くことはできますが、いざ事故となれば大変な惨事になります。便利さの裏側には危険が潜んでいます。わたしたちはなかなかそちらのほうに、目を向けることができません。

それに原子力発電は小さな太陽です。太陽のようにずっとエネルギーを発し続けることができます。それが悪魔の太陽であっても、わたしたちは豊かさを手に入れようとしますが、その太陽がなくなる不安に怯えて生きるということにもなります。

いずれは危険な原子力発電は廃棄されることになるのでしょうが、まだながい時間がかかると思われます。今日、乗用車は電気やリチウム電池・水素に代わる時代になってきていますが、それがわたしたちの日常になるのはまだ先のことでしょう。

新たな産業革命は常に起こっていて、やがては石油や原子力発電に頼る時代は、消えるということになると思われます。

日本が原子力発電に着手したことは、産業の基盤であるエネルギーが、石油メジャーに左右されていたことを暗示しています。それは価格操作でアメリカに支配され続けるということでもあります。食料の自給率は低く、軍事力は持たせない、エネルギー源もコントロールし、日本の真の独立を遠ざけるという論法です。

そしてアメリカの文化を植えつけるが、ただし、その代わりに、日本の作るものの輸入を受け入れ豊かにしてくれました。今日、日本が輸出大国になっているのもそのためです。

浦上天主堂を原爆記念碑としなかった理由

飢えさせれば政治体制が代わってしまいますが、お腹が膨れていれば、政治にも物事にも関心が薄れるということです。

そのことは報道関係にも言えます。アメリカの文化である野球やプロレスを、なぜ読売系のテレビでやるようになったのでしょう。またなぜ産経系や読売系の新聞やテレビが、保守系と言われるのでしょう。

それはアメリカが大きく関与しているからです。わたしはそれらの報道を、批判しているのでも攻撃しているわけでもありません。世界中を見回しても、主義主張に寄り添って報道するのは当たり前のことだからです。

『赤旗』や『公明新聞』はどうでしょう。タブロイド判の『夕刊フジ』や『日刊ゲンダイ』はどうでしょう。紙面はまったく違うはずです。

　なにも同一でなくていいのです。判断はわたしたちがするということです。第一、新聞が本当に公器だと思えるでしょうか。テレビはなおさらです。都合のいいところだけ切り取って映像にしたり、コメントしたりと、恣意《しい》的になりがちです。

　新聞の記事を書くのも記者一人が書きます。その良し悪しは、デスクやその上の立場の者が読んで判断するくらいのものです。たった二、三人が書き、目を通しただけのものが、公器だと言えるでしょうか。正しいことを書く、間違いのないことを報道するというのは、わたしたちの共同幻想だと考えます。

　また原爆を落とされたのに、アメリカに感謝する人もいます。逆に日本の降伏直前に中立条約を破棄し、日本の国民を悲惨な目に遭わせたソビエトを支持する人々もいます。

　わたしはそれらの国々を批判しているのではありません。敗戦国の運命はそういうものだと思っているだけです。ロシアの南下政策が宿命だと思えば、今後も考えさせられるものはありますが、わたし自身は原爆を落としたアメリカも、日本に落とすことを決めていたトルーマンも、嫌いというわけではありません。

　そういうことを一つ一つ言えば、戦前の人々に影響を与えたとされる石原莞爾は、ヒトラーと同じ歳で、ナチスが台頭してくる時にドイツに留学していて、ヒトラーの『我が闘争』を読んで多大な影響を受けています。

そのヒトラーはムッソリーニを憧憬し、影響を受けていますし、戦争中に何度も総理大臣となった近衛文麿の口髭は、ヒトラーの真似をしています。だからと言って当時のことを思えば、彼らのことを簡単に攻撃していいということにはなりません。どんなことでも人間を裁くのは勝者の論理です。

同じように、チャーチルやルーズベルト、トルーマンを責めることもできません。一九四五年三月十日の東京空襲では十万人以上が死に、数百万人が家屋を失いました。それまでにも日本の重要な都市の六十カ所以上が空襲を受けています。

原爆投下の前には、ポツダム宣言を提示していますが、諦めない日本に、戦争はまだ終結しないと考えた人たちもいますし、アメリカにも恐ろしい殺戮《さつりく》兵器を使うことに慎重な人々もいました。

しかし、すでに原爆をどこに落とすかもアメリカは決めていました。広島、長崎以外に京都・横浜・小倉・新潟が候補に挙がっていたこともわかっています。軍事基地や工業地帯で、その上、周囲が山に囲まれた土地と定めました。

山や盆地であれば原爆の威力を確かめられるということです。そうして広島に落とされ、次は小倉ということになっていましたが、天候不順で長崎に変更されてあの惨事というわけです。

当時、長崎にはロマネスク様式の大聖堂がありました。浦上天主堂のことです。東洋一の大聖堂と言われていました。その近くに原爆が落ち、多くのキリスト教信者が亡くなりました。つまり同じ宗教の信仰者が原爆を落としたのです。

広島の原爆ドームと同じように保存する話もありましたが、結局はそうならず、日本人の手で壊されましたが、アメリカの圧力があったのは否めません。

戦争が始まった時には誰が正しいとか、誰が悪いということにはなりませんが、終結すれば、勝ったほうが新しい歴史を作っていくという一例です。

今日、浦上天主堂が残っていれば世界遺産になっていたはずです。その時のアメリカ人の気持ちはどうでしょう。同じキリスト教の人たちの気持ちはどうだったでしょう。

人を一人殺せば殺人者ですが、大量殺戮を行った信長もナポレオンも、勝てば英雄となります。それはチャーチルでも毛沢東でもスターリンでも同じことです。仮にヒトラーが勝者となっていれば、彼も英雄だったでしょう。一人の英雄が出来上がるまでに、多くの人々の屍《しかばね》が積み重ねられていくということです。

そのことをわたしたちは忘れがちで、テレビでも映画でも、殺される人間のことが描かれることは少なく、勝者の英雄たちに焦点を合わせてしまいます。

戦争の本当の不幸は殺される人々のほうに多くあります。そして勝者は、自分たちに都合の悪いことは隠蔽しようとします。薩摩が寺院をすべて壊したことも、アメリカが浦上天主堂のことを隠すのも同じことです。キリスト教の信者が多い長崎に、同じ宗教を信仰する人間が、攻撃したという負い目があるからです。

そんなことは日本でもアメリカでも列記できないほどあります。だからと言って後からとやかく言っても、どうなるものではありません。先々に目を向けなければ、進歩も発展もないということになります。

田中角栄元首相はなぜ消されたのか

主義主張を別にして、どうしたら戦争にならないか、どうしたら巻き込まれないかを常に考えなければいけないと考えます。大上段に構えた偉そうな言い方ですが、戦争になれば、結果的にはすべての人が哀しむということになってきます。

それらのことを思うと、一人の賢者が道を外すことなく、政治をやることが一番いい気がしますが、一人の人生には限りがあります。賢者の命がいつまでも続くということはありませんので、全体主義や独裁政治に陥りやすい政治よりも、多くの人々の投票で決まる「民主主義」のほうがいいということになります。

もっとも日本のように政治家の二世・三世への世襲や、突出した官僚上がりの政治家の数は組織の硬直化を生みます。やはりアメリカのように、さまざまな人々が政治に関わる国のほうがいいはずです。アメリカは自由で「民主主義」の国だという思いを抱きますが、ただ自国が不利になるようなことがあれば、どの国でも自分たちのことを一番に考えるということです。

たとえばロッキード事件の田中角栄元首相の問題はどうでしょう。ロッキード機は世界中に売られています。それなのになぜ日本だけあのような疑獄事件になったのでしょう。

それは田中政権がアメリカの頭越しに日中復交を進めたことや、ロシアとパイプラインを引いて、エネルギーを確保しようとしたことが、理由だなどと巷間言われていましたが、実際のところはわかりません。

そのうち機密文書が公開されて真相がわかってくるかもしれませんが、それは両国間が、公にして大丈夫だと思えてからでしょうから現在は霧の中です。

確かなのは、その底に巨大な利権が存在していることです。今となってはよく理解できますが、中国市場は莫大な利益を生みました。またロシアからエネルギーが入れば、アメリカが政治的に日本をコントロールすることも難しいものになってきます。田中角栄は虎の尻尾を踏んだということになります。

あるいは一九七一年に、毎日新聞の「西山事件」というものがありました。「外務省機密漏洩事件」「沖縄密約事件」とも呼ばれていました。沖縄返還時に地権者に対する土地代を、アメリカが支払うとされていたものを、実際は、日本政府が肩代わりするという密約を毎日新聞が暴きました。

しかしその情報は、西山太吉記者が外務省の女性事務官との性的関係から入手したとして、国家間の重要な問題が、スキャンダラスな女性問題と変わっていった事件でした。結局は情報の大本の問題はうやむやになって行きましたが、戦後そういうことはいくらでもあります。

わたしはアメリカの一挙一動に、日本の命運が左右されると考えていますが、それでもこうして八十年近く、国家的な不幸にも会わず、生きてこられたことはよかったと思っています。

戦争がないことが一番です。わたしは神社や離島巡りをしていますので、あちこちを歩いていているほうではと思っています。そのおりに国内や島の被災地、あるいは沖縄のひめゆりの塔や、鹿児島の知覧特攻平和会館などを歩きました。

とくに知覧から飛び立った若者の記録を目にしますと、涙が止まりませんでした。死にたい人など一人としているわけではなく、みな御国のため、家族のためにと自分の心を殺して死んで行っています。

この世に同じ生を享《う》けて国家や人のために死ぬことは、一見立派なことのように見えますが、残された家族には一生心に痛みや哀しみが残ります。

人間の営みの大本は家族です。それが親族、一族、部族、民族と広がって国家を形成していきます。家族の「族」という文字は、弱い人間が群がり集まって生きる最小単位のことを言います。ゆえに自分の家族も人の家族も大切ということになってきます。

日露戦争の舞台となった中国・旅順の二百三高地や、旧満洲の七三一部隊の跡地にも行きましたが、戦争は屍を重ねるだけで誰も幸福にも平和にもしません。

それでもわたしたちはそのことを歴史上・古今東西繰り返しています。そこにありもしない平和や民主主義を求めてです。群がり集まって生きている人間は孤独ですし、不安です。

そのわたしたちをもっと孤独に陥れたり、哀しみの底に突き落としたりする戦争は、どこの国民に対しても同じ環境をつくってしまいます。

だからといって無抵抗で国民を救えるかと思うと、決してそんなことはありません。わたしたちは切羽詰まれば攻撃も侵入もしてくるようになります。

現在の日本にも領土・領海の諍《いさか》いは歴然としてあります。ガンジーのような無抵抗主義は通用しないと考えます。国力は経済力・生産力・人的能力といろいろとありますが、防衛力もそうです。

今のインドは原爆保有国ですし、原子力発電もあります。隣国との宗教や領土問題の小競り合いは生じていますが、どちらも大がかりな戦争はできないはずです。

核の抑止力ということになるのでしょうが、いざ日本がそうなったら、どういうふうに国民を守るのかということになってきます。歴史的に軍事力が増えれば、国民の生活は圧迫されてきます。逆に軍事力が弱ければ、防衛も危ういものになってきます。その矛盾との闘いが今日までの歴史を作ってきました。

軍事費の増大は経済力を衰退させ、国力を削ぐということにもなります。その兼ね合いが難しいということになりますが、反対する人々も賛同する人々も、どうすれば被害や惨事が起きないかということを、一番に考えるべきでしょう。

日本人とユダヤ人

少なくとも全体主義に陥《おちい》れば、軍事費は嵩《かさ》んでいくと考えます。そのことは日本でも外国でも、すでに歴史が証明しています。話せばわかる、対話が大切だとよく言われますが、それは後ろ盾に軍事力があってのことです。

弱い国と対話をする必要はありませんし、わたしたちの人間関係でも、正しいことを主張しても、それがどうしたという人たちはたくさんいます。国家間だって同じことです。そこに利害を生むものがあればなおさらでしょう。

日露戦争当時、日銀副総裁だった高橋是清は戦時国債を発行しましたが、どこも引き受けてくれる国がありませんでした。そこで、日英同盟を結んでいたイギリスに渡り、ロスチャイルドに融資を頼みましたが、やはり断られています。

ところが晩餐会で出会ったアメリカの銀行家ジェイコブ・ヘンリー・シフが、二億ドルを融資してくれました。それを軍事費に投じたのが、ロシアに勝った一因ともされています。

ユダヤ人シフが融資してくれた大きな理由は、ロシアの反ユダヤ主義への報復だと言われています。帝政ロシア下でのユダヤ教やユダヤ人に対する迫害や差別・排斥は大変なものでした。

シフはそのことに憤り、一九一七年のロシア革命のおりには、レーニンやトロツキーを支援しています。世界史では「ロシア革命」と呼ばれていますが、その指導者の多くがユダヤ人です。

トロツキーを始め、カーメネフ、ジノヴィエフ、スヴェルドロフなど多くのユダヤ人指導者がいて、その彼らにシフは多大な資金援助をしたのです。そうして革命が起こり、それまでの専制主義が終わりを告げ、共産主義のソビエト連邦ができました。

二十世紀は革命や戦争により、大きく政治体制が変わった時代ということになりました。

ドイツやイタリアのように全体主義から共和国になった国もあれば、中国は共産主義に、日本も今日のような姿に変わりました。政治的な地殻変動が起きた時代で、世界を巻き込んだ戦争や革命の時代とも言えます。

日本も明治維新、敗戦と世界の潮流に飲まれることによって、政治的変化を余儀なくされたということになります。明治天皇はロシアとの講和成立後、ジェイコブ・ヘンリー・シフを日本に招聘し、最高勲章である一等旭日大綬章を贈っています。どれだけ我が国がシフに感謝していたかがわかります。

しかしその後、日本は朝鮮半島・満洲へと侵攻して行き、最終的には全面降伏の敗戦ということになりました。高橋是清は支那事変の前年、昭和十一年（一九三六）に起きた二・二六事件で暗殺されます。政治的歴史も個人的な歴史も、誰も予測ができない潮流に翻弄されて生きているのが、わたしたちだと考えます。

シフは第一次大戦においても、世界のほとんどの国に融資をしていますが、ロシアには融資しなかったという徹底ぶりです。それだけ民族の迫害に対して怒り心頭だったということでしょう。ロシア革命の後のポーランドや、ドイツなどのユダヤ人の迫害や惨事を思うと、ユダヤ人受難の世紀ということにもなります。

シフとの関係や、第二次大戦中に六千人の彼らを救った杉原千畝のことなどを含め、日本はユダヤ人に対して友好的に見えます。極東の隅にある日本は、宗教的にも人種的にも、ユダヤ教やユダヤ人との関わりは稀薄で、ヨーロッパや中東におけるユダヤ人とキリスト教徒・イスラム教徒との歴史を知ってはいても、また、今日もなお、彼らの間に火種があることをわかってはいても、なかなか実感しにくいところがあります。

頓挫したユダヤ人満洲移住〝フグ〟計画

日露開戦の一九〇四年に、シフに軍事国債を引き受けてもらったおかげで、日本海海戦に勝ったのですが、実はその国債を払い終わったのは八十二年後で、日米戦争の敗戦から四十一年も経った昭和五十六年(一九八六)のことです。

日本は日清戦争の勝利で得た賠償金を元手に、明治三十年に(一八九七)金本位制を採用し、金の価値を基にして、固定為替レートと各国の通貨を持つことになりました。そのことで外国の信用を得て資金調達もやり易くなりましたし、関東大震災の復興債・電力債など外貨の借り入れもできました。

当時のレートは一ドル一円だったのですが、敗戦によって一ドルが三百六十倍に跳ね上がりました。レートが三百六十倍にもなったのですから、シフへの返済額は莫大なものになりました。そのため、中断や紆余曲折があったのですが、なんとか払い終わりました。

返済が長引いた原因は、満洲国建国のために、ユダヤ人の経済力や政治力を借りようとした「河豚《ふぐ》計画」失敗のせいもありました。ユダヤ人の資金でダムや鉄道を造り、満洲建国を進めようというわけで、一九三〇年代にナチスの迫害で難民となっている数万のユダヤ人を、満洲に移住させようとしたのです。

彼らの経済力や政治力をあてにした計画でしたが、失敗すれば彼らの力で逆に日本が破滅する恐れもあり、猛毒の河豚を扱うように慎重にしなければならないというたとえから生まれたのが、「河豚計画」という言葉です。

その計画は、満洲ハルピンで起きたユダヤ人ピアニスト、シモン・カスペ誘拐・殺害事件の対応のまずさや、日独伊同盟、日ソ中立条約の締結など、諸々の問題のために頓挫してしまいましたが、計画が進んでいたのは事実です。

現在ではこの「河豚計画」や「五族共和」「八紘一宇」などの言葉は学校で教えられることもなくなりましたが、それも敗戦国の宿命と言えるでしょう。

戦勝国が不利にならないように、敗戦国の歴史は闇に沈んで行くのです。そして一九七〇年に日米安保条約が自動延長されて以降、アメリカとより強固な同盟国となっていきます。

なにも安保条約は軍事・防衛のことだけではありません。条約には、経済協力を推進していくことも書かれています。日米構造協議などを見れば、かつてのこの条約に日本が忠実に動いていることがわかります。

アメリカは日本の独立を願っていないとよく言われますように、この国の弱体化を狙っているとも捉えられます。

幕末の時代から教育水準が高く、科学技術の習得も迅速で、敗戦後もめざましい復興・民主化をとげるなど、アメリカが日本を怖れる理由はいくらでもあります。植民地にしたくてもできなかったし、明治以降、富国強兵がこの国の柱でしたから、放っておくとまたすぐに軍事大国になると考えるのも、わかる気がします。勝ったとはいえ、戦ったからこそ、日本を畏怖するという見方は、正鵠を射ていると考えます。

対応を誤ると、自分たちにとって、日本は危険な存在になるということかもしれません。そして敗戦で三百六十倍になった借金は、ユダヤ資本に還元されましたが、そのためにアメリカ（ユダヤ人）の利益のために、逆に日本が分割されなかったという喜びも、日本人の間に生まれました。今日の敗戦後の日本の形は、アメリカが作ってくれたということになります。

第四章

なぜ帰化人を「渡来人」と言い換えるのか

取り返しのつかない言葉

今日、国民に知らされないことや、学校で教えられなくなった歴史上の出来事が多いような気がしています。自虐的なことばかり教えないで、誇りになることをもっと伝えてもいいのではないかと思います。

歴史や道徳が疎《うと》まれ、入試でも国語より英語の配点が多いのは、どういうものかという気持ちにもなります。国語の読解力よりも、英語ができるほうが賢いという発想も妙なものです。

現代日本は有史以来、最も豊かさに包まれていますが、国家や会社組織、あるいは家族でも、外側の圧力には強くても、それぞれの組織は内側から崩壊していくことが多いものです。

人間が疑心暗鬼になったりすると、内部崩壊は進みますが、今日の自民党イコールアメリカという図式の強固さを見ますと、多少の生きにくさはあるとしても、二国間の関係が容易に崩壊するとは思えない気もします。

そういう意味では不平等だとも思える安保条約も、役に立っているのかもしれません。アメリカが日本に牙を剝くのは、それらのことが担保されなくなった時ではないでしょうか。

もっとも、そういう危機に陥るのは、経済が破綻し、そのことによって政治が不安定になる時です。アメリカが日本の経済的安定を望み、また安定するようにしてくれたのも、日本が極東における貴重な軍事拠点だからです。

全国に多くの基地があるのはそのためですし、北方四島がなかなか戻ってこないのもそのためです。ロシアが北方四島を返還したら、アメリカの軍事拠点になるのですから、ロシアはよほどのことがない限り手放さないでしょう。

逆にアメリカが沖縄や奄美諸島、父島や母島などを返してくれたのは、同盟が一層強くなったからだとも考えられます。

また世間では「コクサイ化」、今日では「グローバル化」などと言っていますが、実はそれらの言葉は、国家と国家の垣根を低くするという意味です。すると力の源泉となるのは情報と金融ということになります。情報はなによりもお金になりますし、力にもなります。

早く情報を手にした人は、先回りして投資し利益を出すことができます。投資は世界中で行うことができます。国家がなくても世界を支配できるということになります。

現代において、世界の金融と情報網を握っているのはユダヤ人です。つまり極端に言ってしまえば、彼らが世界を牛耳っているということにもなります。石油メジャーも彼らが支配しています。イラクのフセインが負けたのも、アメリカというよりユダヤ人に負けたということになります。

アメリカに政権を作ってもらったのに、フセインは傀儡《かいらい》政権に飽き足らず、もっと自分の思うようにしたいと欲が出て、石油のドル建てをユーロ建てにしようとすれば、石油メジャーは困ります。その巨大な利権も危ういものになってきます。

イラク戦争によってフセインは殺されてしまいましたが、湾岸戦争の時には石油タンクを爆破させ、真っ黒になった鳥の姿が世界中に流されました。後にそれはアメリカのプロパガンダだったとわかりましたが、それも戦争の手口です。

日本が引き起こしたとされる南京事件にも、そういった面があります。わたしはそこに三度行き、知覧特攻平和会館と同じように暗い気持ちになりましたが、かつては中国国内でも報道されなかったものが、一九八〇年代には大々的に、「南京大虐殺事件」として報道されるようになりました。

中国はそれまで「南京失陥」と言うだけで、「南京大虐殺」とは一言も言いつのりませんでした。ところが「虐殺」報道は年々大々的になり、虐殺されたという人数も増え続けています。

「失陥」と「虐殺」とでは言葉の意味はまったく違います。わたしたちは言葉の意味によって物事や歴史を作り上げていきます。それは戦前・戦中には誰一人使わなかった「従軍慰安婦」という言葉も同じです。

「従軍慰安婦」というのも日本人が言い出した言葉ですし、新聞社を始めマスコミが流布したのですから、取り返しのつかないことになってしまいました。言葉が一人歩きして、わたしたち民族の尊厳が失われかねないにもかかわらず、今以《いまもっ》て使っています。

今日では多くの人々がそんな言葉がなかったことを知っていますし、現役将校時代、「慰安所」を巡察していた小野田寛郎元少尉も、『正論』二〇〇五年一月号でそのことを文章に残しています。

冊封国とは属国のこと

個人的には歴史観を誤らせるような間違った言葉や文字は、改めるべきだと考えます。人々を誤った歴史観に導く言葉を用いるのはやめるべきだと思います。史実をしっかりと調べて使用することが、お互いの国同士の友好を深めるためのものにするというのが、わたしたちの知恵だと考えますが、現在でもそういうふうにはなっていません。

戦争や植民地政策によって目を覆うようなこともやったはずです。しかし日本は文盲の多かった朝鮮に、日本と同じように多数の学校を造って教育をし、社会インフラも驚くほど整えています。

鉄道も敷きましたし橋も造りました。だからといって許されないことも多くありますが、原爆を投下されながらアメリカを批判しない日本と、ことあるごとに日本を攻撃する韓国の国民性を、どうしても比較してしまいます。

正しい歴史認識をせよとよく言いますが、歴史は見方が変われば変容・変質するということをわたしたちは知っています。

韓国には二十数度訪れていて、大学で講演をしたこともあります。また中国に何回も訪れ、北京や上海を始め多くの地域を歩きました。歴史には必ず「もしも」という言葉が浮かびますが、ほんのちょっとしたことで歴史は大きく動きます。

アメリカや日本が、宗主国・清朝から独立するように朝鮮を促したということは、今日では、国内でも韓国でもほとんどの若者は知りません。ロシアの南下政策が絡んでいたこともあまり教えません。

さまざまな国際情勢があり、独立させて、その後に植民地にしようとした思惑が日本にあったとしても、今更なにをしろと言うのでしょう。当時は併合にしても世界の国々が承諾しています。

そして韓国は現在、天皇のことを「日王」と呼びます。王というのは天皇（皇帝）より立場が下になります。「天皇」は彼らの宗主国も使用したことのない言葉ですから、ことさら日本の天皇を貶めようとしているように思えます。つまりは朝鮮王と同じに見ろということになります。

日本は元々独立国で、ヨーロッパの植民地になったこともありませんし、中世以降、冊封国《さくほうこく》にもなっていません。冊封国とは中国王朝に対しての従属国のことです。少なくとも朝鮮は、七世紀の唐が成立してから冊封関係を結んでいます。

日本は島国で地理的なこともありますし、江戸幕府の鎖国ということもあり、そういう関係にはなっていません。むしろ秀吉などは明を攻め落とそうとしていたほどです。確かに国内において「天皇」という言葉は、明治になって統一して使われ出したものですが、朝鮮王や琉球王と違い、「日王」とは名乗っていません。

それなのに「天皇」を「日王」と言うのは、どういうことでしょう。かつての天皇は大王・大君・帝・帝王・内裏・禁裏、あるいは天子と、時代とともにさまざまに呼ばれていました。天皇（すめらみこと・すめろき）という言葉そのものは、平安時代の天武朝からありましたが、呼び名を統一したのは明治からです。

それ以来、世界の国々はそう呼んでいます。わたしが知る限り、韓国以外に「日王」

と呼ぶ国はありません。

これは国家に対する侮辱ということになるのではないでしょうか。他国に対する敬意がないということにもなり、非礼ということになるはずです。朝鮮の宗主国であった中国王朝でも言っていません。

それに今日では、「植民地」という言葉が定着しましたが、本来は明治四十三年（一九一〇）に日本が韓国を併合し、その領土を日本が統治するようになったものです。

当時、冊封国だった李氏朝鮮を、宗主国の清は「わが属邦」と主張して、日韓併合に強く反対しています。属邦とは属国という意味です。

「邦」は国や州のことを指します。だから「連邦」と言えば、二つ以上の州や国が集まって、国家を形成しているということになります。

その頃は朝鮮も清の属国であることを認めていたので、日本は彼らとの条約に、朝鮮は「自主の邦」で、日本と平等の権利を保有すると記載しています。李氏朝鮮は中国の属邦だが、内政外交は自主だと日本は主張し、アメリカやドイツ、フランスも条約を結ぼうとします。ロシアも進出して来て、大変な時期でした。

宗主国の清国から距離を取るべく他国の力を借りようとする勢力と、逆に清国との関係を維持しようとする勢力があり、クーデターや軍乱・政変が頻繁に起きて、朝鮮はどうなるかわからない状態でした。朝鮮そのものが、外交・内政とも混乱を極めていたのです。

もちろん日本にさまざまな思惑があったのは当然ですし、民族として近しい感情もあったのも事実でしょう。しかし、他国の妃を暗殺すれば、民族の怒りを買うのは当たり前のことですし、それは満洲国建国のおりの溥儀への仕打ちに対しても同じことでしょう。

当時の時代性を考えますと、列強がみな関与していたのですから、話し合いでという解決方法は、なかなかに困難な状態だったはずです。また彼らにとっても、冊封国からの自立が望みだったことも事実で、そこを突かれて日韓併合となったとも言えます。

そして戦前・戦後と日韓の軋轢は続いているのですが、日本人のわたしたちにも負い目があるからか、日韓の歴史をしっかりと教えない不幸があります。韓国は歴史認識とよく言いますが、古い文書を持たない彼らの歴史は、日本よりはるかに新しいものです。

民族の優位性を競う愚かさ

韓国人が「正史」としている『三国史記』は、金富軾《きんふしょく》が高麗の十七代仁宗《じんそう》の命を受けて、新羅・高句麗・百済の三国時代から、統一新羅の末期までのことを書いた史書です。一一四三年から書き始め二年後に完成したものですが、それが韓国では現存する一番古いものとされています。

日本の『古事記』や『日本書紀』が、それぞれ七一二年、七二〇年に書かれたものですから、日本とは四百三十年もの開きがあります。

わたしも手元に置いてよく読んでいます。『古事記』や『日本書紀』と符合するところもあり興味深いのですが、それによると、古代から朝鮮は日本に侵攻され攻め続けられています。それこそ数えきれないほどです。

『三国史記』が書かれたのは、日本では平清盛が台頭してくる時代ですから、歴史書としては相当に新しく、古い時代の彼らの気まずいことや、書きたくないことは記載しないでしょう。

日本を含め、外国に五百回も侵攻されたということですが、書かれたこと以上のことがあったはずです。毎年のように攻められているので、海を渡って来たというよりも、半島内に日本の領土があり、そこから攻めたというほうがわかりやすいところがあります。

『三国史記』には新羅国の初代王である赫居世《かくきょせい》や、その重臣である瓠公《ここう》、第四代王の脱解《だっかい》も今でいう日本人で、その脱解は、新羅の王族三姓「朴」「昔」「金」氏の中の昔氏の始祖で、赫居世は朴氏の始祖であるとも記されています。

もし彼らが書き残したことが真実だとすれば、古代朝鮮は日本人の祖先が統治していたということになります。

もっともわたしはそのことを本気で言っているわけではありません。当時は国境もなく、人の往来ももっと自由なはずです。ただ韓国人が未だに遠い昔の出来事をあげつらって、そのことでなにか自分たちの優位性を証明する手掛かりを得ようとしているのではないかと、穿った見方をしてしまうのです。

当時よりずっと人口も増え、彼らの子孫だって何万人、何十万と増えているのに、そんなことになんの意味があるのかと思うからです。

わたしたちには、どちらの血も混ざっていると考えるのが適切なはずですが、逆の意味に考えれば、どの国よりも近しい間柄ということになります。いつまでもその優位性を競うことで起きる社会的摩擦もあります。日本に来た彼らが常に立派で優秀だったということはありません。

簡単な憶測でものを言ってはいけませんが、近しい歴史もあり、日本人には同胞だという意識もあったはずです。両国の歴史を知れば知るほど、韓国も日本も隠しているものが多くある気がします。

韓国人が脱解や瓢公を誇りに思い、彼らの朴や金という姓を用いるようになったことを、わたしたちは知っています。

それにもかかわらず、韓国人は脱解のことを知らないのか、あるいは『三国史記』を読むことができないのか、逆に桓武天皇は自分たちの子孫だとか、好太王碑に書かれたことも捏造《ねつぞう》だと言っていましたが、いざその碑文が史実だとわかると、なにも言わなくなりました。

文字が残っていなければ、どんな歴史でも作れるのかという思いにもなりますが、すべて日本の文化は自分たちが持ち込み、与えたという思い込みは、今日でも続いているという疑いが払拭できません。

韓国の博物館を何度か訪ねましたが、仏像でも寺院でも、日本の物のほうが立派なものがほとんどです。それは豊かさが違うからだということにもなりますが、失礼ながら彼らには歴史を覆《くつがえ》す言葉や文字がないのに、自分たちの優秀性だけを押し付けます。

わたしは韓国人にも何人かの知り合いがいて、優しくていい人物が多いと敬服もしています。見ず知らずの人に道を尋ね、わかるところまでわざわざ案内してもらったこともあります。

店の主人と二人で飲み続け、一切料金を受け取らないので、逆に困ったこともあります。江華島では、持って行けと胡桃《くるみ》を渡されたこともあります。持っていれば運が向くというのです。

今でもその胡桃は大切に持っています。いい人と出会えば、そこがいい土地だったりいい国になったりします。旅の良さは名所旧跡を訪ねるのもいいものですが、本当にいい思い出は、いい人に出会うからできるという気もします。

「渡来人」は近年の造語

しかし国家間は違います。個人と国家は別だと割り切ればいいのかもしれませんが、わたしたち人間は、理性よりも感情が優先します。「正しい歴史認識」を持ちなさいと言うなら、あなたたちもそうしなさいという気持ちになることもあります。

たとえば『日本書紀』には「渡来人」という言葉は一つも出てきません。出てくるのは「帰化」や「来帰」「来朝」「帰朝」という言葉です。「渡来」という言葉は見つかりません。

近年は「帰化人」という言葉はほとんど使われなくなり、「渡来人」というのが一般的になってしまいました。渡来人というのは海外からやってきた人ということです。その中には戦争で逃げてきた人もいますし、生活が苦しくて、新天地を求めてやってきた人もいるでしょう。また迫害を逃れてやってきた人もいるはずです。

島国というのはそういうところがあります。アメリカ大陸だって同じようなものです。日本では北海道のことを思えばよくわかります。さまざまな人々がそれぞれの事情で渡っています。

それをただ渡来という言葉だけで表現してはいけないと考えます。その言葉は鳥たちの越冬と同じように、ただやってきたという意味ですが、古代での「帰化」という意味は、君主の徳に感化・教化されて、「化外《けがい》」の者がその下に就《つ》くことです。

化外とは中華思想において、皇帝の権力が及ばない土地や国のことを指します。反対に「化内《けない》」という言葉があります。その意味は天子や王に服従した国で、統治の及ぶ国や土地ということです。

中華思想は華夷《かい》思想とも呼ばれ、世界の中心に最も文明のある中国の天子がいて、天子・内臣・外臣・朝貢国、そしてその外に東夷《とうい》・西戎《せいじゅう》・南蛮《なんばん》・北狄《ほくてき》がいます。その権力関係は中華・冊封国・非文明国ということになります。

この思想は中国に多くあった「邦」(国)を、武力で統一した秦《しん》や、その後の漢《かん》が築き上げたとされています。皇帝の下には「王」「公」「候」と称号が与えられ、異民族にも「王」を認め、皇帝の臣下にすることで統治の秩序を作りました。

皇帝には「徳」があり、そのことは目に見えないので、その判断基準を「法」（律令）と「礼」（政治的制度）で表しました。

儒教における徳は、「仁・義・礼・智・信」の五徳が道徳倫理の規範とされ、「孝・悌《てい》・忠」の行動の実践に表れるとされています。それを備えた者が国を統治できると考えたのです。

簡単に述べますと、五徳の「仁」は他人に対するやさしさ、「義」は正しい行いをすること、「礼」は所作や行動を円滑に行うための礼節のこと、「智」は物事をうまく処理していく能力、「信」は誠実に生き嘘をつかないということです。

そのことを実践する「孝」は親を、「悌」は年長者や兄姉を敬うということです。親孝行というのはこの言葉からきていますし、「孝悌の心」と言えば、親や年長者を敬う気持ちということになります。

今日では死語に近い言葉になってしまいましたが、年配者が嘆くのはこの道徳観が崩壊したと考えているからでしょう。

「忠」は忠君・忠義・忠誠と書けばわかりますが、主君に尽くすということです。徳川幕府はこの儒教を基本に統治し、上下関係が絶対だったということになります。

この「法」と「礼」の普及度や認知度によって、「内臣」「外臣」「朝貢国」と分かれます。「内臣」は皇帝の「徳」「法」「礼」がすべてに行き渡っている国や地域で、皇帝の直轄地ということです。「外臣」は「徳」と「礼」が及んでいる地域で、皇帝の直轄地以外ということになります。

古代の日本には「倭の五王」という者たちがいたと『宋書』に書き残されていますし、新羅や百済・高句麗も異民族でありながら、「王」という名称を与えられています。それらは皇帝の臣下で「朝貢国」ということになります。

中華思想の中心（皇帝・天子）にある「徳」「法」「礼」のうち、「徳」だけが及んでいるのが「朝貢国」です。遣唐使や遣隋使を送った頃までの日本は「朝貢国」となります。「東夷」「北狄」「西夷」「南蛮」という異民族（夷狄《いてき》）に対する蔑称のうち、時代によっても異なりますが、『後漢書東夷伝』に記されている日本や朝鮮半島・中国東北部は「東夷」に当てはまります。

「西戎」は現在の陝西省や甘粛省、チベットなど、北狄はモンゴル高原の遊牧民族を指します。「戎」も「夷」「狄」も「えびす」と読み、いずれも未開の人たちのことを言います。

漢民族が、北狄や西戎の侵攻にいかに悩まされていたかは、今日の万里の長城を見ればわかります。せっかく秦は中国をまとめ上げたのに、長城建設の経済的負担で逆に滅亡していきます。

「南蛮」は江南のほうの無作法で粗暴な地域のことを指します。未開の土地の人々のことを野蛮人と言いますが、その「蛮」という文字の「亦」は「又」と同義語で同じもののという意味ですから、虫けらと一緒ということになります。

中華と四夷の位置

時代とともに「四夷」の地域も少しずつ違ってきますが、いずれにせよ中華思想は自分たちが中心で、それ以外の民族は散々な蔑称をつけられています。民族や国家主義の最たるもののような気もしてきますが、それは近現代でも、ドイツの反ユダヤ主義を掲げたナチズムを始め数えきれないほどあり、民族同士の対立は有史以来、延々と続いています。その理由は一様ではありませんが、個人的には独裁国家や全体主義国家にその思考が顕著に現れると考えています。

そうして迫害を受け、生活に困窮しますと、わたしたちは新天地を求めます。北海道もアメリカも、いいたとえではないかもしれませんが、少なくともさまざまな問題を伴って、故国を離れた人々が訪れた所だったのです。

存在しなかった言葉で歴史を見る

その場所にいれば安心で、なにも問題がなければ、わざわざ土地や国を離れることはないでしょう。それをただ渡って来たという「渡来」という言葉だけでは、多くのことが見えてきません。

来阪・来福と書けばわかりますように、大坂に来た、福岡に来たということになります。帰阪と書けば大阪に帰ってきたということになります。

よって「来帰」と書けば、元いたところに戻ってきたということになります。「来朝」は外国人が日本にやってくることを言います。つまり来日のことです。言葉が違えば書いた者の意識も思いもわかってきます。

それなのに、いろいろな意味を持った言葉を、一括りに「渡来」としてしまうのはどうなのかという気持ちにもなります。少し歴史を調べればわかるように、人や物の往来は重層的なことで、そのことによって文化も生まれてくるはずなのに、そうはなっていません。

今日、プロパガンダのように言われる、日本の文化は、みな朝鮮から入ってきたという間違った優位性も、この「渡来」や「渡来人」という言葉によって加速されたという思いにもなります。存在しなかった言葉で歴史を見るのは危険なことで、わたしたちのものの見方も考え方も真実から離れていきます。

「従軍慰安婦」という言葉もそうでしょう。戦前や戦争中にそんな言葉はありませんでしたし、たった一人の人間がでっち上げた造語を深く吟味もせず、日本のマスコミが広げてしまったという図式です。それを自国の教科書にも載せるのですから、学者はなにをやっているのだということにもなります。

この「渡来人」という言葉は一九七〇年代になって急速に広まってきたものです。その中心にいたのは歴史学者の上田正昭、小説家の金達寿《キムタルス》、司馬遼太郎らの各氏です。彼らの書物はいくつか読みましたが、学者や小説家なのに言葉の重みを考えているのかと疑念を持ちます。

そういう言い方をする根拠が、彼らなりにあるのはわかりますが、ありもしない造語を流布させた責任は重いと考えます。知識人であれば社会的影響も強いものがあります。言葉は物事の道しるべになるのですから、配慮が必要だと思います。

個人的には、「渡来人」は「従軍慰安婦」と同じような欺瞞的な言葉で、知らない人たちは朝鮮半島からきた人間のほうが、優秀だという思いを抱かせます。日本人が作った言葉が刃となって、日本人自らの心に刺さってくるという論法です。

ベトナムで性暴力を繰り返した韓国兵

引用が少しながくなりますが、フランス人司祭のシャルル・ダレ（一八二九—一八七八）の『朝鮮事情』には、次のような一節があります。

「彼ら（朝鮮人）は、怒りっぽいが、それと同程度に、復讐心に満ちている。たとえば、五十の陰謀のうち四十九までが何人かの陰謀加担者によって事前に暴露される。これらはほとんどいつも、個人的な恨みを満足させるためのものであったり、かつての少し辛辣な言葉に対する仕返しのためであったりする。敵対する者たちの頭上に懲罰を加えることができるならば、自分が罰せられることなど、彼らにとってはなんでもないことである」と述べています。

また「朝鮮人は一般に、頑固で、気難しく、怒りっぽく、執念深い」とも書いています。今日の日韓の関係を思うと、よくわかります。「敵対する者」を日本人、「復讐心」も日本人に対するものと考えれば、容易に物事が解決することもないし、執念深く諦めないということになってきます。

日本人に対して、罵ったり危害を与えたりしても、「反日無罪」ということにもなってきます。国家と国家が条約を結んでも、守らなくてもいいということになります。

実際、現在でも約束は反故《ほご》にされていますし、日本が日韓平和条約を結び、多額の経済援助をしても、あるいはいくら非を認めても、彼らの攻撃は終わることはないのではないかという気もしてきます。

わたしには、ダレや、イギリスの女性紀行作家イザベラ・バードの言葉が蘇ってきます。まさに二国間の今の関係があてはまる状況ではないでしょうか。

一八三一年に生まれ、明治の日本や李氏朝鮮を旅したイザベラ・バードは、「朝鮮には階級が二つしかない。盗む者と盗まれる側である。両班《ヤンバン》から登用された官僚組織は公認の吸血鬼で、人口の五分の四をゆうに占める下人は文字通り下の人間で、吸血鬼に血を提供することをその存在理由とする」「朝鮮ではなにもかもが低く貧しくお粗末なレベルなのである。階級による特権、貴族と官僚による搾取、司法の完全なる不在、労働と少しも比例しない収入の不安定さ、いまだに改革を知らない東洋諸国の政府が拠りどころにする最悪の因習を繰り返してきた政府、策略をめぐらす官僚、王宮と小さな後宮に蟄居したせいで衰弱した政府」と『朝鮮紀行』で書いています。

ダレもイザベラ・バードも、朝鮮が中国からのながい冊封国から、日本や外国の力を借りて独立しようとしていた時代の人物です。朝鮮は政治体制もすでに機能せず、「復讐心」が国と国との関係を悪化させている状況でした。それなのに今日の韓国は、日本に対して「正しい歴史認識をしろ」と言うのです。

戦後、日本が経済援助や円借款《しゃっかん》をして、「漢江の奇跡」と呼ばれるほど発展するまでは、韓国はアジアでも最貧国だったことは、多少歴史に詳しい人であれば誰でも知っています。

少し年配者であれば、妓生《キーセン》パーティで外貨を稼いでいたことも知っていますし、ホテルやオンドル部屋に宿泊すると、女性を斡旋してきましたし、地方の街には娼婦の家が必ずあったことを知っています。

なにも韓国を貶めようとしているのではありませんし、個人的には、受けた温情から、わたしたち庶民レベルでは本当にいい人が多いと思っています。

そしてこういう環境は売春防止法ができるまで日本にもあり、今でも非合法に行われている場所はあります。わたしも戦前・戦後の小説家たちが描いた「鳩の街」や「玉ノ井」「洲崎」などの色街だったところを歩いたことがあります。いわゆる「赤線」や

「青線」地帯のことです。

ちなみに「赤線」は、所轄の警察署が地図に赤線で囲んだ合法的に営業している地域のことを言い、「青線」はそれ以外の非合法な場所に、青い線を引いたところとなります。営業の許可を得た場所と受けていない場所ということになります。働く者が公娼と私娼と分かれるということです。

こういった制度は古代ギリシアやローマ、中国にもありました。それに戦争中はアメリカでもフランスでも、あるいはイギリスでも、将兵を「慰安」する制度はあり、朝鮮戦争やベトナム戦争でもあったことです。

朝鮮にも古く高麗や新羅の時代から存在し、近年でも百万人前後の朝鮮の人々が、樺太を始め満洲などで「慰安」していたとされています。また韓国には「米軍慰安婦所」も多数あり、朝鮮戦争後には三十万人の慰安婦がいたと発表されています。

その韓国もベトナム戦争時、ベトナム現地に慰安婦所を造ろうとしてアメリカに反対され、その後、ベトナム女性に対する韓国兵の性暴力が増えたと言われています。

彼らが産ませた子どもたちは「ライダイハン」と呼ばれ、一説には二万人近くいるのではないかと言われています。それなのに日本に対しては、国家と国家が「最終的かつ不可逆な解決」を確認したと合意して、「従軍慰安婦」問題は解決したはずなのに、ちゃぶ台返しのようなことが起こっています。

わたしにはダレやイザベラ・バードたちが指摘した韓国人の気質が、思い出されてしかたがありません。譲歩しても、ずっと解決しないのではないかと考える時もあります。その理由は、「個人的な恨みをはらすなら自分が罰せられることはなんでもない」という気質が底流にあると思うからです。

こんなことを書いたからといって、日本人が犯した罪が消えるとは思っていませんが、そのことを少しでも忘れて、前向きに生きようとする心構えがないかぎり難しいという思いにもなります。

日本ではこういう国際的な条約や協定をうやむやにすることはないでしょう。「民主主義」の成熟度と言ってしまえばそれまでですが、常に日本のことを政治利用する言動は、やはり国民性なのかと思案してしまいます。

たとえばアメリカやイギリス、フランスやドイツ、中国まで認めた日韓併合後、日本は半島の開発に力を注ぎ近代化を進めました。貧しさから脱却させるために雇用を促進し、治安の悪化を防ぐことにも務め、文学や大衆文化も発展させました。

他国の人々も、日本が停滞していた朝鮮を文明国に向けて進ませ、庶民の生活は李氏朝鮮の時よりも、はるかに莫大な利益をもたらし発展させたと書いています。

朝鮮・韓国人も中国の冊封国から離れて「皇国臣民」になろうともしていました。もちろん民族闘争もありましたが、今日言われているような「歴史認識」ばかりではなかったことを、わたしたちは知っています。

少なくとも他国の植民地政策ほど強権的だったわけではないと考えます。馬鹿なことを言うなと強く叱責され、悪罵されるかもしれませんが、二度の原爆によって広島・長崎の住民が二十万人以上も殺され、今日でも後遺症に苦しんでいる人がいることを思えば、原爆を落とした国と友好関係を結んでいるわたしたちとは、韓国人はずいぶんと気質が違います。彼らから見れば「執念深さ」のない日本人は、阿呆に映るのではないでしょうか。

故国を目にして身を投げた女性の悲劇

国内の戦争では、敗れた側は勝者に絶対的に服従するというのが日本の歴史です。ですが外国との戦争は民族間の争いということになりますから、服従し続けるということはありません。必ず抵抗します。そのことを日本人は知らなさすぎたのです。

まして女性が虐待されたりすると、怨念が残り、許すことはないでしょう。逆に日本人はソ連兵に蹂躙《じゅうりん》されても、執念深さはなく、忌まわしいことは早く忘れてしまおうとします。

ソ連兵に襲われ、辛酸《しんさん》を舐めた女性たちが、中国東北部から引き揚げてきて、ようやく博多湾に入って故国の景色を目にした途端、次々に船上から身を投げた事件の写真と文章に接したことがあります。

それまではなんとしても日本に生きて戻ろうと歯を食いしばってきたのですが、いざ帰国が叶うと、自分たちがソ連兵に妊娠させられていることを恥じて、現実に戻るのです。死ねない女性は市内の病院に行き堕胎をします。わたしはその書物を読んだ時、戦争は絶対にやるものではないと思いました。誰一人として幸福になる者はいません。

ではどうしたら自分たちは戦争をしないですむのでしょうか。無抵抗主義でも多くの犠牲者が出ます。わたしは無抵抗でいる家族が、蹂躙され、虐殺されるのを見たいとは思いません。

しかし武器を持っていれば、いずれはそれを使いたいと思う人間が出てくることもわかります。仮に憲法で戦争をやらないと決めたとしても、他国の感情は違います。

現在問題になっている尖閣列島や竹島のことはどうでしょう。日本人のわたしたちの思いは中国や韓国には通用しません。

竹島のことに関しても、自分たちに都合のいい歴史認識を日本に訴える韓国は、国際司法裁判所にかけることも嫌っています。初めから自国のものだとして相手にもしません。

韓国は話し合いにすら応じないのですが、現在七百二十名前後いる日本の国会議員は、日本国の領土をどうしようとしているのかと思うこともあります。

平和憲法とはなにかという気もしてきます。その平和憲法を守るという人たちもいます。彼らの言う平和というのはなんでしょう。なぜ口当たりのいい平和という言葉を憲法にことさら被せるのでしょう。

それにいざとなったら同盟国のアメリカは助けてくれるでしょうか。古今東西の歴史を俯瞰《ふかん》しますと、地理的・経済的な自国の利益、あるいは稀少な鉱物などがある場合は死守してくれるでしょうが、なんの得にもならないと思えば救う必要もありません。

わたしは学生時代に読んだ書物の中の、女性たちが次々と船上から博多湾に身を投げる箇所を忘れることができません。また、原爆投下の前日に広島を離れて難を逃れたわたしの老母が、五十年後に広島に行き、亡くなった友人の姿がフラッシュバックして、表情がみるみる青ざめたのを忘れることもできません。

戦後生まれのわたしたちは、戦争に行かずにすみ、多くの先人たちの犠牲の上で飽食の時代を生きてこられた、史上最も恵まれた世代です。この平穏がもっと続くようにと願うだけではなく、どうすればそれが続けられるのかと考えるべきで、考えすぎることはないはずです。政治家は国民の生命と安全を守るとよく言いますが、どうしたら守れるのだという気持ちになります。

からゆきさんとじゃぱゆきさん

悲劇はどの国にもありますし個人にもあります。その悲劇の中を生きるのが、わたしたちではないでしょうか。だから助け合わなければいけませんし、いつまでも怨念を残してはいけないということになります。

その怨念は被害を与えた側よりも、受けたほうにいつまでも残ります。日本の国内の戦争も同じことで物も女性も戦利品となります。

戊辰戦争のおりに薩長は会津を攻め落とし、女性たちを蹂躙しました。その十年後、西南戦争が起こると、今度は政府軍の元水戸藩士や会津藩士が、薩摩の女性を蹂躙しました。

厭な言葉ですが、「会津に処女なし、薩摩に処女なし」という言葉が生まれたほどで、近年に至るまで薩長と会津は反目し合い、嫌悪し合っていました。なにも露悪的にものを言うつもりはありませんが、記憶に留めて許すという感情がなければ、いつまでも経っても仲良くなることはないと思います。

そういう意味ではアメリカと日本は、日本が忘れたふりをすることによって、珍しくうまくいっているのではないでしょうか。敗戦後、日本国民の生活を支えてくれたアメリカの政策もありますが、巧妙に植民地にしたのは彼らの勝利だと考えます。

それはともかく、戦地で女性が被害を受ける悲劇を、わたしたちは経験的に知っていますから、慰安婦制度を作ったのです。韓国も日本もアメリカも同じです。平時でも公娼制度は存在していたのですから、生死を賭けて戦う有事では心もすさみ、道徳も戒めもない、生身の人間の本性が現れてきます。

そのことは誰にも責められないのではないでしょうか。だからそうならないように努めたとしても、現実には国同士のエゴイズムのせいでうまくいきません。それは今日の世界を見てもわかります。弱小国は常に大国に呑み込まれる懼《おそ》れを抱いています。いざ戦争になれば、わたしたちの本性が露呈してきます。

女性に少しでも性暴力の犠牲者を出さないようにとの配慮もありそうですが、そこに国家が大々的に関与するということは、考えにくいものがあります。まして売春が合法だった時代に、国家が斡旋するということは、なおさらに考えにくいと思います し、韓国自身は、どうしたのかと疑問を持ちたくもなります。

ベトナム戦争時に慰安婦をアメリカに反対され、その結果、多くのベトナム女性が 被害に遭いました。その事実はどうなのかということにもなってきます。

相手が悪いことをやったから自分たちのことは許される、正しいのだという論法で はなく、歴史をもっと真摯《しんし》に見つめてはどうだろうという感情は生まれてきます。必 要悪というだけで片付けられる問題ではありませんが、物事がいい方向に向かうため の「執念深さ」はいいとして、その反対の結果を生む行動から、なにかいいことが芽 生えてくるのでしょうか。

このことは昭和四十年(一九六五)に日韓基本条約を結んだ後も蒸し返されていま す。当時の韓国への経済援助のうち、「従軍慰安婦」に充てられた金額は五パーセント にも満たないもので、後は「漢江の奇跡」に注がれています。

ここに日本政府の失敗があります。本来は直接窓口になって支払えば、こんなにな がく政治問題にもならなかったはずです。

日本の公娼制度は、GHQが女性の人身売買を禁止しようとして、いくつかの命令 を出したことがきっかけとなって、独立後の昭和三十一年(一九五六)に売春防止法が成立し、翌年から施行されるようになりました。

それまでは公認で売春は行われていました。その制度が韓国では、つい近年まで残っていたということです。合法で、犯罪ではありませんから公然と行われていました。そして、日本国内では売春も買春も犯罪になるので、日本人が大挙して妓生パーティに行っていたことも知っています。

それで韓国は外貨を稼いだのですが、かつては日本も同じでした。昔「からゆきさん」という言葉がありました。その対語は「じゃぱゆきさん」です。

「からゆきさん」は「唐行きさん」のことで、東南アジアや東アジアに、日本女性が行って娼婦となることです。一般には南九州の女性が多く、農村や漁村の貧しい家の女性が、女衒《ぜげん》によって集められ、主にシンガポール・香港・ボルネオ・タイ・インドネシアなどで管理売春をさせられていました。

わたしは二十代の頃、小栗小巻や田中絹代が主演した『サンダカン八番娼館　望郷』という映画を観て、衝撃を受けたことがあります。家族のために海外に売られ、やがて戻ってくると、今度は故国で差別や迫害を受ける映画でした。

田中絹代が演じるその哀しみの慟哭《どうこく》が、今も耳に残っています。成人してからシンガポールに行った時、彼女たちが埋葬されている日本人墓地に足を伸ばしましたが、言葉が詰まって出てこないという思いにもなりました。

墓地には軍人の大きな暮石もありましたが、その足元に娼婦たちの小さなお墓が無数に広がっていました。ただなになにちゃんのお墓とだけ書かれたものもあり、死んでまでも出自を隠さなくてはいけないのかと、重い感情に支配されました。

軍人のものは大きく、彼女たちのものは足が当たると倒れてしまうほどのものでした。国家のために外貨を稼いでいた彼女たちのほうが、軍人よりも立派なお墓が必要だろうとも思いました。

その「からゆきさん」と反対の言葉が、「じゃぱゆきさん」ということになります。日本がすっかり豊かになると、今度はアジア各国から日本に出稼ぎにくる人々が増えてきました。その彼女たちにつけられた言葉が、「じゃぱゆきさん」です。「じゃぱ」はジャパンということでしょう。

大阪と済州島を結んだ「君が代丸」

日本で少し働けば貨幣価値が違いますから、すぐに豊かになり立派な家も建ちます。兄弟たちも学校にも行くことができます。生活も楽になるということで、多くの女性たちがやってきました。

もちろん韓国の女性も例外ではなく、妓生パーティで知り合った日本人男性に、便宜を図ってもらおうとして、社会問題になったこともありました。

韓国はアジアでも最貧国で、一九六〇年代後半に「漢江の奇跡」を起こすまでは、国内総生産は北朝鮮を下回っていました。しかし、その貧しさを脱した後にも、女性たちは日本にやってきていたのですから、「併合」時代にはもっと行き来は盛んだったはずです。

実際に戦前には、日本にくる人々のために、大阪と済州島を結ぶ「君が代丸」という貨客船もありました。現在でも、大阪に済州島出身の人々が多く住んでいるのもその影響です。

一九四八年に済州島で起きた四・三事件のおりには、日本にいる家族や親族を頼ってやってきて住み着いた人たちもたくさんいます。これは政府軍や警察の政治弾圧によって、島民の五分の一の六万人が虐殺されたという事件です。

わたしは済州島にも二度行きましたが、あんなに美しい島にそんなことがあったのかと考えると、シンガポールでの娼婦たちの死後の扱いを見た時と、同じくらいに胸が痛くなりました。ヨーロッパや中国に行っても「戦争の跡地」は訪ねるようにしていますが、戦争は悲劇以外なにも生むことはありません。

わたしが神社を歩いているのも、歴史の裏側や稗史《はいし》を知ることができ、本当はこちらのほうが歴史ではないかと思うからですが、神社には祟りを怖れて、殺された死者の魂を鎮めるためのものもずいぶんとあります。そのうち世界中が戦争の跡地ばかりになるのではないかと言うのもそのためです。

悲惨さは常に人間同士の争いの結果、生まれています。話し合いで解決するということはなかなかに難しく、それゆえ「平和憲法」などと、苦い薬をオブラートで包んだような言葉を、安易に使ってはいけないと思います。

経済的に発展した豊かな国に、人々が流入してくることは当然のことです。豊かになった戦後の日本でも、アメリカに渡って一旗揚げようとする人もいましたし、逆に日本にきて、家族を救おうとしたアジアの女性たちもいます。

経済状態や世の中が変わるのは自然の成り行きで、今日では中国で働く日本人が増えたのも、そういった社会の変化を提示しています。そしてどこの国でも社会の暗部や恥部は隠したいものですが、わたしは韓国が常に日本に言うように、「正しい歴史認識」だけは忘れてはいけないと考えます。

なぜなら生きる知恵は過去から学ぶものだからです。たとえは悪いかもしれませんが、日本人も韓国人も、昔はあまり美人ではなかったのに、施術のおかげできれいになったからと言って、昔から美人だったという意識を持つのはいけないと考えます。

消された「皇后」

歴史をわずかでも調べれば、韓国と日本の経済的豊かさと国力の差は、古代から歴然としています。それは金富軾《きんふしょく》の『三国史記』（一一四五年）や、壬辰倭乱《じんしんわらん》（豊臣秀吉の朝鮮出兵）を記録した柳成龍の『懲毖録《ちょうひろく》』、それにスウェーデン人のアーソン・グレブストが、明治時代末期に書いたとされる『悲劇の朝鮮』などを読めばわかります。

『懲毖録』は「文禄・慶長の役」直後の十七世紀前後に書かれた李氏朝鮮の史書のことです。その時の秀吉の朝鮮出兵に乗じて、日本にいた宣教師たちが朝鮮半島に渡り、布教活動を行うようになっていました。

「黄金の国ジパング」の日本と違い、それまでの朝鮮は、ヨーロッパの人々にはその存在すらほとんど知られていませんでした。イエズス会の宣教師ルイス・フロイスが『日本史』を書いたことで、ようやく知られるようになりました。

実際に日本や朝鮮の歴史を知る上で、フロイスが書き残してくれたおかげで、見えてきたものやわかってきたことがたくさんあります。残された文字の力です。

韓国の歴史小説やテレビドラマ・映画に登場する日本の国情や、信長や秀吉、その他の戦国大名など施政者の性格、容姿などは『三国史記』や『懲毖録』『日本史』の文章から多く取り入れられています。朝鮮の国情や人物についても同じことです。

朝鮮が貧しかった理由は山国で生産性が低いということもあります。そのためか当時の朝鮮は人口が一千万人に届かず、一方、日本は二千万人を超えていたとされます。兵力は朝鮮軍が五万、秀吉軍はその三倍とも言われていましたので、兵力も圧倒的に違い、朝鮮はすぐに侵略されてしまいました。

十八世紀の江戸はすでに百万都市で、ロンドンは八十万、パリや北京は五十万人とされていました。人口が多いということは豊かさを証明していますし、その頃の武士はだいたい人口の一割とされていましたので、日本は大変な軍事国家です。

その日本に対して朝鮮は、「神功皇后《じんぐう》」の時代から貢物をしています。この女性は卑弥呼《ひみこ》ではないか、本当に朝鮮征伐に行ったのかなどと、現在さまざまな議論がありま す。新羅が貢物をやめたから征伐に行ったとも言われていますが、日本の敗戦により、戦後は影の薄い人物になってしまいました。神功皇后が一番、戦前と戦後の扱われ方に落差があるのではないかと考えます。

神功皇后は滋賀県の米原近くに本拠を置く豪族、息長《おきなが》氏の出身で、今でもその土地を訪ねるとゆかりの地があります。古代の琵琶湖周辺は、半島出身者が多く住み着いていますが、帰化人の子孫とされる神功皇后が、「祖国」から貢物を取ったり、征伐に行ったりというのは不思議な気がします。すでに日本人と認識されていたからではないでしょうか。

それに『宋書』や『南斉書』では、倭王は朝鮮全土の統治者として認められています。わたしは神功皇后は実在していたと考えていますし、後世の人が天皇の諡号《しごう》に、「神」という文字を充てているのは、神武・崇神・神功・応神天皇と数人しかいません。諡号に「神」の付く天皇には、勢力を拡大した共通性があります。神武は九州から大和を平定し、崇神は国内に、そして神功は半島に勢力を伸ばしました。

彼女が天皇ではなかったのかと言われるのもそのためで、実際に戦前にはそう思われていました。維新によって天皇の立場は大きく変わったように、敗戦によっても大幅に見方が変わってきました。

ＧＨＱに皇国史観を否定されたせいで、日本人は今までの歴史にものを言えなくなり、逆に間違った歴史認識が流布しているというのが、わたしの想いです。金達寿氏のような朝鮮民族主義者が現れ、それに同意する日本人もいて、本来の言葉の意味とは違う言葉を作り、また歴史を教えない日本の教育の弊害が出ていると感じます。

戦前の行き過ぎた皇国史観によって、戦後は沈黙させられるようになってしまいました。歴史は民族の誇りにもなりますから、歴史や国語教育を軽んじ、排除しようとする今日の教育は、その裏側に植民地政策が横たわっていると意識したほうがいいと考えます。

現代の日本はかつての朝鮮と同じ

なぜ日本の学校なのに国語や歴史の授業が少なく、英語教育のほうが多いのでしょう。日常英会話やビジネス英語も必要かもしれませんが、歴史を学び知識を得るということはもっと大切だと思います。

なぜなら知識はいざという時の判断や決断に必要だからです。平穏に生きられる人生は皆無と言っていいでしょう。そのために役に立つのが、知識や経験ではないでしょうか。

もちろん外国語で会話ができることは、「グローバル化」した今の時代に必要なのは十分にわかっていますが、国語や歴史よりも英語の点数が高いほうが、大学入試などで優秀と思われがちなのも妙な気がします。

もしかしたら、わたしのこういう考え方や見方は時代遅れなのかもしれません。しかし、今日の日本は、わたしたちが朝鮮に対してしてきたのと同じことを、柔らかな真綿に包まれた形でアメリカにやられているような気がしてなりません。

わたしはいつまでも過去に拘泥し、愚痴を言っているのではありません。日本がアジアの最貧国だった朝鮮を豊かにして、属国にしようとしたモデルを、今はアメリカが日本に行い、国家を自立させないようにしていると言いたいのです。

それでももし敗戦後、日本がソ連のような社会主義国に統治されていたとしたら、今の繁栄はなかったはずですから個人的には良かったと思っています。国家の分断もあり得たし、他の戦勝国の武力によって属国化されたかもしれません。それは戦後の朝鮮半島や東ヨーロッパを見れば一目瞭然です。

そのことに抵抗すると、「プラハの春」の「チェコ事件」のようになってきますし、それに似たようなことは世界中にあります。国家と国家が古今東西、未来永劫まで仲良くできると思うことこそ幻想でしょう。

国家の安全と防衛は自国で守るというのが、歴史から学ぶ基本常識ですが、そのことをわたしたちは忘れています。戦前の軍国主義が行き過ぎたこともあり、なおかつ日本に非があるという他国のプロパガンダに、日本人は洗脳されているという気もしてきます。

日本語にもなっていない「平和憲法」で、どうやって国民の生命と安全を守るのかと思案もします。お題目ではなく、具体的にこうして守るということを、提示しなくてはいけないということです。個人的には、前述したように、やはりフランスのような国家造りがいいのではないかと考えます。

どこの国でも隣国との軋轢《あつれき》は多いもので、国家でも組織でも、敵はいつも身近にいるということがあります。それは近くにいるからこそお互いのことをよく知っていたり、見えたりするからでもあります。しかし一度こじれると修復はなかなか困難で、一旦起きた軋轢や怨念を消し去るにはながい時間がかかります。

そして日本と朝鮮という隣国同士もまた、この悲劇の歴史の中を生きてきたということになります。

日本は上代から軍事大国だった

日本は島国ということもあり、元寇以外は大きな侵攻は受けていませんが、中国・日本の二つの大国に挟まれた朝鮮は深い悲劇の中にいたとも言えます。

魏志倭人伝でもわかるように、日本は古代においては中国に貢物をしていましたが、対朝鮮の場合は、朝鮮から日本に貢物をしたり、人質を出したりしています。倭寇に苦しめられて壱岐を攻めたということはありますが、それ以外は日本に攻めてきたということはないはずです。

逆に日本は数えきれないほど半島に侵攻しています。その朝鮮が中国の冊封国になり、日本の脅威から逃れた後に建てられた李氏朝鮮の時代には、日本への貢物を復活させ、良好な関係を築き上げています。

そのきっかけは、秀吉が、日本に政治的亡命をしていた朝鮮人を送還する条件として、朝鮮が貢物を復活させたところにあります。そのおりに彼らがそれまで持っていなかった鉄砲を朝鮮に持ち帰ったとも、前出のグレブストの『朝鮮の悲劇』には書かれています。

武器に関する技術も日本のほうが上で、近代においても、朝鮮にはいい鉄が出るが技術は日本に劣ると、イザベラ・バードが前出の『朝鮮紀行』に記しています。

古代から数えきれないほど侵攻していることからもわかるように、日本は軍事的にも圧倒していました。そのいい例が秀吉軍でしょうし、併合以降の日本軍です。日本が軍事的に関わっていない時は、明や清に攻め続けられて従属国になっています。

内政的にもイザベラ・バードの言う「血を吸う者と吸われる者」の二者しか存在できないため、権力闘争に明け暮れ、組織は崩壊しています。国民の生活を顧みることなく、王は王宮に籠り、ごく一部の人間と接するだけで、まともな政治は行われていませんでした。女性はチマチョゴリから乳房を出して日常生活を送り、街では汚穢《おわい》の悪臭がしていると『朝鮮紀行』には書かれています。

日本は併合後、朝鮮国内に数えるほどしかなかった学校を、四百以上も造って教育水準を上げ、社会整備もやり、李氏朝鮮の時代よりも想像できないほど豊かになったと外国人の資料に残っています。「併合」ゆえに、日本と同じように富国強兵と教育に力を注いだのです。そうしなければ日本も朝鮮も、ロシアや欧米の植民地になる憧れがあったからです。

士官学校や師範学校に成績優秀者ならば無料で行けるようにしたのも、国家の源が人材にあると知っていたからです。あらゆる分野で人材が育たなければ、国家の繁栄はありません。

士官学校を卒業すると職業軍人に、師範学校を出れば教育者になります。それを推し進めたのですが、その裏側には朝鮮を地理的・国防的に重要視する日本の逼迫《ひっぱく》した状況があったということになります。

朝鮮の不幸は国力が弱かったということにつきますが、文字を持たない神話時代はいざ知らず、古代から近現代まで、農業でも工業技術でも日本のほうが抜きん出ています。

それは文化や政治に対しても同じです。宗教を政治や文化の柱にして、日本はながく国家運営をやってきましたが、もし韓国人が言うように、半島が政治や文化の提唱者ならば、僧侶も政治家も朝鮮に学びに行ったはずです。しかし日本は遣隋使や遣唐使の時代に、僧侶も政治家も中国に向かっています。阿部仲麻呂《あべのなかまろ》や最澄、空海らみなそうです。日本の王が、仏教を学ばせるため三十人以上もの僧侶を送って来ていると、『宋書』は書き残しています。

また鎌倉新仏教の法然の浄土宗、あるいは弟子の親鸞の浄土真宗、一遍の時宗や日蓮の日蓮宗も中国伝来の影響を受けています。一遍・日蓮は、中国への留学生だった最澄や空海が開山した比叡山や高野山で直接修行をしていませんが、半島から学んで影響を受けたということはありません。

その後、中国では、国家運営の中心に儒教を置き、朝鮮も追随しましたので、中世以降はなおさらのことです。政治や道徳の中心に儒教が置かれると、朝鮮の仏教は日本の維新の時と同じように大変な迫害を受けています。

慶州市の、今は世界遺産に認定され、観光地になっている仏国寺は、七五一年に建立が始まり、七七四年に出来上がったものですが、一四〇七年の仏教弾圧により、その後ずっと荒廃していました。現代の仏国寺は、一九〇四年から一年四カ月かけて、日本が置いた朝鮮総督府によって新たに再建されたものです。

それには日本や日本の仏師《ぶつし》が大きく関わっていることもわたしたちは知っていますが、そのことを韓国の多くの人々が知らないのに驚いたことがあります。どこの国でも似たようなことがありそうですが、やはり、教えられていないのだと感じました。

日本は中世以降、世界有数の軍事大国でした。その国が歴史上、常に虎視眈々と朝鮮を狙っていたのも事実です。古代から自分たちが支配していた国だという意識も、日本人にあったのかもしれません。

残された言葉を探ったり、読んだりしますと、朝鮮に対する倭国の存在の大きさは十分に想像できますし、実際に統治していた国が半島にあったと考えます。どちらの国もそのことを教えないし、韓国には歴史を遡っていく文字がないから、それぞれに都合のいいようにものを言ってしまう傾向があります。

前述の韓国の正史とされる『三国史記』は一一四三年に執筆が開始され、二年後に完成されたものですから、極端に言ってしまえば、韓国には歴史がないということになってきます。繰り返しますが、新しい史実には書きたくないものも多くなってきますし、記憶違いということも生まれてきます。

これに先立つ史料『新羅古記』や『三韓古記』『本国古記』を参照したと言っても、それらは現存していないので、信憑性はどうなのかということになってきます。現存していないものによって歴史を書くことはできません。

人々が古い文化や歴史を持った国に、憧憬やいささかの負い目を感じるのは、残されている文字を生きる糧《かて》にしているところもあるからです。

歴史の新しいアメリカがヨーロッパや日本の皇室に、温かい目を向けるのはそのためでしょう。それゆえに歴史教育はしっかりとやったほうがいいし、近年の造語で史実の判断を誤ってはいけないと思うのです。

民族同化の危険性

ただし、「併合」の名の下に、朝鮮の人々の民族の誇りを奪ってきたのも事実です。閔妃《びんひ》暗殺などはその最たるものでしょう。閔妃とは李氏朝鮮第二十六代王・高宗の妃で、義父・大院君や日本との権力闘争の中で、日本の軍部に暗殺された女性です。日本がもし同じようなことをされていたら、やはり彼らと同様に恨み続けるかもしれません。それは満洲国の溥儀に対する仕打ちもそうでしょう。とても相手を敬うという気持ちが軍部にあったとは思えません。

溥儀の弟は日本の女性と結婚させられ、また、宮家の梨本宮家の方子《まさこ》（李方子）が、大韓帝国の高宗の王子・李垠《りぎん》と結婚したりもしています。日本の皇室と混血化を進めていきます。結婚した夫婦の子どもの代から日本人の血が流れていき、一層同化が進むということになります。

このことは古今東西どこにもあることですし、日本国内でも例外ということはありません。大和族と出雲族の混血化が頻繁に行われたことも、東北や九州族の人々が同化していったのも、大和朝廷の権力掌握のためです。

記紀に書き残されている日本武尊《ヤマトタケル》や四道将軍（崇神天皇が国土平定のため四つの地域に派遣した皇族将軍）の話は、反対側の人間から見れば侵略の歴史ということになってきます。民族の血や文化の誇り、あるいは信奉する宗教を壊滅させて同化を進めていくわけです。どんなに時代が変わっても、権力を持った者はそのことを繰り返します。

人間は他者に対してやさしくもできますが、非道なこともやってしまいます。その非道の最たるものが戦争でしょう。同盟を結んでいるから安心だということは決してありません。そのこともまた歴史が証明しています。

たとえば日本の戦国時代のことを思えばわかります。甲斐の武田家と駿府の今川家や関東の北条家、あるいはながらく武田家と戦っていた上杉家でも、自分たちが不利になると同盟を結んだり、すぐに破棄したりもします。

日本もソ連と日ソ中立条約を締結していても侵攻されました。未だに北方四島は戻らないままです。そんな例は世界を見渡せば、数えきれないほどあります。しかしアメリカは敗戦国の民族同化を図ってはいませんし、自分たちの宗教を押し付けたわけでもありません。

実際にマッカーサーは天皇家をキリスト教に改宗しようとした節《ふし》はあるものの、創氏改名を促したり、漢字廃止論やローマ字化の動きもありましたが、最終的には日本語を排除したりしませんでした。

日本はそれらのことを朝鮮にやろうとしたわけですが、アメリカはそうはしていません。天皇家も宮家も残しました。神道国家を建設しようとしたその大本の神社さえ容認し、戦後は新たに宗教法人として存続させています。その延長上に靖國神社もあります。なおかつ天皇家や皇室に対しても、その歴史や文化を敬愛しているところもあります。

もしアメリカ以外の国が敗戦の日本を統治していたらどうなっていたでしょう。天皇家も存続していなかったでしょうし、今日の社会主義国のことを思うと、日本古来の宗教も弾圧されてなくなっていた気もしてきます。

日本の伝統や文化も否定されたかもしれません。アメリカには原爆を落とされて多くの人々が亡くなっているので、その方々には申し訳ない気持ちですが、それでもわたしがアメリカの「民主主義」という理念はいいと思う所以《ゆえん》がそこにあります。

スイスは国民皆兵の武装国家

戦前までの軍国主義の日本は、やはりやりすぎだという気持ちにもなりますし、チューインガムを噛みながら、機関銃を連射しているアメリカ兵の写真などを見ますと、どうしてそんな国と戦争をしたのかという思いにもなってきます。

開戦前のアメリカのハル国務長官が突き付けた「ハル・ノート」を読みますと、戦争に向かうしかなかったと多くの人が述べ、昭和天皇も最終的に開戦を認めています。

確かに日本の立場をいっさい無視した最後通牒のような文面ですが、すでに併合している朝鮮を手放せとは書いていません。

それだけの「領土」があれば、いったん引き下がって、国民の平和を考えてもよかったのではないかと思うところもあります。しかし、その考えは今日のわたしの目から見たものですから、実際はもっと切羽詰まった、抜き差しならないものがあったのでしょう。

石油も止められることはわかっていますし、その他の資源もままならなくなるのは当然わかっているはずなのに、突き進んで行って、あの惨状を引き起こしました。

ハルとの交渉の後、すぐに日本は真珠湾に向かい、攻撃開始の三十分前に開戦の通告をするはずが、手違いから宣戦布告なしの「だまし討ち」ということになってしまいました。ハルとの交渉日は昭和十六年（一九四一）の十一月二十七日で、真珠湾攻撃は十二月七日です。

その間は十日しかありません。交渉決裂前から戦争を決行する覚悟を決めていたことは確かです。その挙げ句、未だに「リメンバー・ハールハーバー」と言われ、内地の空襲や原爆投下の一つの言い訳にされているのですから、軍部は、日本人の一番嫌う「卑怯者」の汚名を日本に着せた元凶ということになります。

ここから見えてくるのは、軍人が権力を取って政治を行うということは、決してやってはいけないということです。軍事政権は必ず軍事力を頼り、武力に訴えがちになるのも歴史が証明しています。それでもその軍事力がなければ、平和を保てないことも事実です。この兼ね合いが難しいということになります。

反戦・非武装は誰もが願うことです。どの国でもそうしたいでしょうが、それは歴史を振り返れば不可能だとわかります。

軍事力を背景に権力を手中にした施政者はたくさんいますが、軍事力がなによりも権力につながるからです。戦争をしない永世中立国のあのスイスは、近年六千六百億円で新しい戦闘機を購入していますし、国民皆兵制度をとっています。

銃器も国民一人一人が持っています。なおかつ中立国と言いながら武器輸出国です。もちろん兵役義務もあり、女性兵士もいます。旧ソ連の侵攻を警戒し秘密部隊も作っています。

日本の教科書ではただ中立国とのみ書かれていますが、その実情を知らず、中立の中身も吟味せずに上辺だけを教えています。現実は自分たちで自国を守るという武装国家と言えます。中立国という言葉だけを鵜呑みにして、子どもたちに誤解を招くような教育を行っています。

中・韓だけがなぜ日本を嫌うのか

翻って日本はどうでしょう。徴兵制度もありませんし、自衛隊の立場も曖昧《あいまい》です。その自衛隊も日本が作ったものではありません。

一九五〇年、朝鮮戦争が起きて、すぐにGHQの命令によって警察予備隊が作られ、一九五二年に保安隊に改組されました。それが一九五四年に自衛隊となりました。

近年までその自衛隊を見る国民の目は厳しいものがあり、とくに湾岸戦争の時にはいろいろと論議されましたが、その後、原発事故や災害時の貢献で、今日ではようやく風当たりが弱まったという感じです。

軍隊を持たせない国、あるいは持てない国というのが日本の立場という気もしますが、外国人は日本人の曖昧さを不思議な感情で見ているのではないでしょうか。

中国や韓国が日本の軍事力のことを躍起になって言うのは、日本が軍備を増強すれば一番困るのは彼らだからです。ちゃんとした軍事力がなければ、国家や国民の平和は保てないと考えているからです。日本がそんな国なら御しやすいと考えているのでしょう。

平和国家、民主国家を模索するのなら、具体的にどうすればそうなるかということを、伝えてくれなければ納得できません。少し過激で辛辣かもしれませんが、わたしは去勢されたような国が日本だと考えています。

平和を守るという意識がもう少し若者にあってもいいと感じます。「平和惚《ぼ》け」ということは、戦後の団塊世代から始まっていますが、それが一層進んでいると思えてなりません。

今日でも日本は軍事的なことは何一つ自主的に決められずにいますし、常にアメリカにお伺いを立てるのは、自分たちがやりすぎたという自虐史観を植えつけられたからでしょうし、敗戦後の日本に対して、生活をよくしてくれたという負い目があるからかもしれません。

実際、あれだけの戦争の被害を受けた国なのに、今日、わたしたちはアメリカに友好的です。十代から二十代にかけてはアメリカが好きな国の第二位で、特筆すべきは六十歳以上になると一位であり、どの世代も好ましく思っているのです。激しい戦争をした国家同士とはとても考えにくいものがあります。

そしてアメリカの好きな国一位はカナダ、以下イギリス、日本、フランス、ドイツと続きます。日本は三位です。すべて同盟国ですが、かつては真珠湾を奇襲した国と原爆を投下した国が、親密な関係になっているのです。

これらの統計が示していることは、名前が挙がっているのはすべて「民主主義国」ばかりで、全体主義の国は好まれず、遠ざけられているということです。この傾向は現在でも大きく変わりません。以前日本が進出したアジアの国々も日本を好きだというのです。例外は韓国と中国だけです。

中韓は日本に対してさまざまに批判しますが、靖國問題にしても、中曽根政権の時に韓国が批判し始め、それに追随したのが中国です。

それは近年のことで、それより前には彼らは何も発言をしていません。日本の政治家が過去についてあまり勉強していないからということもありますが、野党やマスコミにも問題がありそうです。

保守でも革新でもはっきりものを言うことが、なによりも大切だと思います。なぜなら多くの人々に判断してもらうことが、いい政治を行う原点だと考えるからです。権力を持っている人間が損得から事実を隠蔽《いんぺい》します。やがては国民を置き去りにして、個人主義や独裁に走る危惧があります。

二〇二一年の『ニューズウィーク』日本版のアンケートでは、中国が好意的に見ているのは、ドイツ、イタリア、韓国で、最も嫌っているのはアメリカ。日本は二番目です。

中国を最大の輸出国としている日本が嫌われているというのも、アメリカの属国、手先と見られているからかもしれません。物は買うが、国家は信用しないということでしょう。

それも中国の政策ともいえるかもしれませんが、平和友好条約を結んだ時の熱狂的な親密さを思うと隔世の感があります。現在では天安門事件や不買運動・尖閣諸島問題などで、「嫌中派」が増えている傾向にあります。九割前後も嫌っているというデータもあるようです。

神社はなぜ誤解される

日中関係は靖國問題あたりから変化したのではないかと想像しています。わたしは全国の神社を歩いていますので、その分、多少は成り立ちを知っているつもりですが、神社を歩いていると言いますと、必ず胡散臭《うさん》い視線を向けられてしまいます。同じ日本人に変な目で見られるのですから、なんだろうという気持ちにもなります。

わたしは稗史に興味を持つ「神社オタク」ですが、日本では、戦いの勝者は、殺《あや》めた人々の怨霊《おんりょう》や魂を鎮めるために敗者を祀りました。そうして手を合わせて拝んできたのがわたしたちですが、その考えは外国人には通用しません。

そして軍部は侵略して行った土地に、次々と神社を造っていきました。朝鮮神宮の祭神は天照大神と明治天皇、満洲の建国神廟《しんびょう》は天照大神、シンガポールの昭南神社も天照大神というようにです。

朝鮮神宮は朝鮮の人々にとって風水学的に最も神聖とされる南山の麓に、六年もかけて建立したものでした。朝鮮神宮には朝鮮の神を祀るべきだという声もありましたが、南山と王宮を遮断するように造営され、なおかつ天照大神と明治天皇を祀ってしまいました。

満洲も同じようなものです。建国神廟が造られた場所は満洲国の皇宮です。彼らが不快になるのは当然ですし、そのことが押しつけであればあるほど嫌悪します。民族の誇りも尊厳も打ち砕かれてしまい、逆に怨念は増してきます。

そういう海外にあった神社は、満洲から南洋諸島まで二千社はあったとされています。侵攻したところすべてと言っていいほど、軍部は神社を建てました。

不謹慎ですが日本国民の心に照らし合わせて、もし朝鮮神宮や建国神廟を建てたように、皇居を壊し、異教徒の神殿を造られたらどういう気持ちになるかと想像しますと、やりすぎだという感情も走ります。

これでは大東亜共栄圏も言葉だけで、侵略と言われても反論できなくなります。他国の歴史や文化を踏みにじって、友好関係が構築できるとはとても思えません。日本人古来の「和を以て貴しとなす」という意識は、きれいに忘れ去っていたということになります。

日本人はそうやって国を作り上げてきたはずですし、漢民族に代わって政権を樹立した清も、巧みに漢民族の政策や文化を取り入れて、国家を運営してきました。戦後のアメリカも、日本に対して似たような政策をとったから、今日の友好関係もまたあるのだと考えます。

まして混血化も行われず言葉も奪っていません。あれだけの戦争をやったのに、全権委任のマッカーサーは日本を追い詰めませんでした。

天皇家や皇室を残し、神道の神社すら宗教法人にしました。わたしはアメリカの見識だと思っています。ただし、彼らは不敬罪と治安維持法は退《しりぞ》けました。それを残せば「天皇制」が復活すると考えたのです。

そして日本は、古代から多くのことを中国から学んできたはずなのに、明治以降、その意識は軍部の台頭とともに変わってしまいました。強兵化した軍部はその傲慢さを露呈したとも言えます。

中国、韓国、台湾、シンガポールなどの戦後の神社跡も訪ねましたが、それぞれの国によって温度差はあります。中国や韓国の神社は侵略の象徴として、日本の敗戦後すぐに壊されていますが、他の国ではそうでもありません。日本が進出してきたことによって、よその国から解放された国や島はいくつもあります。

その感情が温度差を生んだのでしょうが、アメリカはその「八紘一宇」や「大東亜共栄圏」という政策があったことを嫌がりました。八紘一宇は全世界を一つの家にすること、あるいは天下を一つの家のようにするという意味で、大東亜共栄圏は日本を中心に満洲やその周辺の国々、北方圏と東南アジア全域を含む南方圏を造るという考えです。

それゆえにそんな思想が今後もし復活することはよくないと考え、大東亜戦争は太平洋戦争と名称を変えましたし、八紘一宇という言葉は死語になりました。言葉が変わるということで、わたしたちのものの考え方や見方も変わったということになります。

「従軍慰安婦」以上に罪深い言葉

まして日本は言霊の国です。なによりも言葉を大切にしてきました。言葉は人生の灯台、人生の道しるべと言われるのもそのためです。

言葉があるからこそ、混沌としている世の中の秩序が生まれるということにもなります。あらゆるものは言葉によって成り立っていると言われる所以です。

改めて書きますが、「帰化」「来化」「帰朝」という言葉を消してしまい、「渡来」という言葉に変えた歴史作家の司馬遼太郎氏や歴史学者の上田正昭氏、あるいはなにもかも日本のものは、朝鮮からきたと唱える金達寿氏たちは、言葉を軽んじる歴史修正主義者のように感じます。

金達寿氏の小説は好きですが、彼の『日本文化と朝鮮』に収録されている論考などを読むと、いささか故国を偏重しすぎて、逆に歴史を歪めていると思うほどです。なにもかも朝鮮民族が優秀だという思い込みは、両国の歴史認識を間違った方向に向かわせます。

その上、正しい歴史認識をしろと再三言いますが、「帰化」や「帰朝」ということではなく「渡来人」として、島国の日本に文化や政治制度を伝えたと思い込むことこそが、彼らのアイデンティティとなっているのではと考えることもあります。

一番古い『三国史記』や『三国遺事』を読まず、なにによって歴史を遡っていくのかと疑問を持ったことがあります。日本の『記紀』に書かれたことでも、疑わしく思われるものがあり、読んだり確かめたりすれば、文字の向こうから改めて疑問や戸惑いが生まれてきますが、それも読むからこそ判然としてくるのです。

良書でも悪書でも目を通さなければ、比較もできませんし判断もできません。知識もつきません。自分たちの都合のいいことだけ言い立てるのが、歴史認識かという感じにもなってきます。

「恨《ハン》」という彼らの感情が復讐心に火をつけ、自分の命はどうなってもいい、嘘をついてでも他人《ひと》を陥れたいという感情を、イザベラ・バードやアーソン・グレブストらに見破られたのではないでしょうか。

外国からも、あるいは内部の身分制度によっても、ながく圧制に苦しめられてきた彼らは、ことさらに自己の優位性を主張する国民になったのかもしれません。わたしの家系は両班《ヤンバン》だった、由緒正しい家系だ、あるいは資産家だったと自分にわずかでも流れているかもしれない「血」のことを自慢します。

生きる指針になるものは人それぞれにありますが、貴種や名家ということは現在の自分とはなんの関係もないのに、強く拘る人たちは、それらの優位性にすがって権力をふるい、差別することもあります。

そのことは日本人でも例外ではなく、どの民族にもありそうですが、権力も武器も、持っていると使いたくなるもので、そういうことをしないのがいい人物と考えます。優位性を訴えることは差別を生むということにもなってくるからです。

第五章

英雄は秀吉か、龍馬か。あるいは勝海舟か、小栗忠順か

華族と士族

以前、歴史好きの人に、日本は源平合戦で源氏が天下を獲ると、関東武士が全国を支配し、徳川幕府が権力を握ると、尾張の人間が全国に散らばり、薩長が維新で日本を支配すると、今度は彼らが政治家や官僚になり、日本を支配したのだと聞かされたことがあります。

日本社会は大きく三回しか変化していないとも言われました。もちろんさまざまな要因や原因で、世の中が動いていることは理解していますし、酒場の冗談のようなものでしたが、若かったわたしには単純でわかりやすく、その時は妙に納得したものでした。

下級武士や、もともとは農民だった人々が維新で重要な地位を占めるようになると、新たな華族制度を作って、自分たちの権威を高めようとしました。その華族制度は早くも明治二年（一八六九）に定められ、それまでの特権階級の公家や諸侯に、維新に功績のあった「勲功華族」と言われた人々（つまりは自分たち）を加えたものです。

その理由はいろいろとあるのでしょうが、彼ら自身が、新しい身分制度を作ったということになります。公家百三十七家・諸侯二百七十家・維新後に公家になった五家、新たに諸侯になった十五家などが華族となり、その中には当然、維新にとくに功績があった薩摩の西郷隆盛や大久保利通、長州の木戸孝允ら「元勲」と呼ばれる人たちが入っています。この制度は敗戦後の昭和二十二年（一九四七）まで七十八年間続きました。

それまでの士農工商の身分制度は廃止され、華族に加わった領主や大名を除けば、武士は士族となり、それ以外は平民というわけです。ところが、士族といっても、武士階級には禄高の多い高給取りから足軽までいて、その中でも上士・中士・下士、あるいは郷士と別れていました。

一般に江戸時代の大名は、石高一万以上の「大いなる名田《みょうでん》」を持った人たちのことを指します。鎌倉時代から戦国時代までは、「大名主《だいみょうしゅ》」という言われ方もしていました。多くの土地を持ち、それを耕させて税金を徴収していたということです。

たくさんの土地を持っていたそれらの人々が、守護大名や戦国大名となっていったわけです。力を持った彼らが軍事力や政治・経済力を増して、一国一城の主になったということになります。

それ以外にも、幕府に直接仕える旗本・御家人など多くの身分制度がありました。

ちなみに上士は馬に乗ることができる上級藩士、続いて若年寄・奉行などの中級藩士、御徒組頭《おかちぐみがしら》や兵器役人・御台所付などとあり、下士には白札・郷士・徒士《かち》・足軽などとありました。また足軽も古足軽・足軽・下足軽と細分化されていました。

その区分けは細部まで行われていて、上士・中士は羽織の色が七段階に分かれ、足軽は襟の色で、四段階に区別していた会津藩のような例もあります。禄高に対しても「知行取《ちぎょうとり》」「切符取《きりふとり》」「扶持米取《ふちまいとり》」「高賭取《たかがとり》」と呼び名が違っていました。「知行取」は百石以上の武士で、お米とお金の両方を与えられ、「切符取」は五十石以下で、同じように「扶持米取」は一人扶持《ぶち》（一日五合）を支給され、「高賭取」は家来を持つことができる武士でした。

今日のわたしたちから見ても、彼らが着ている物や羽織っている物を目にするだけで、どういう立場の人間であるかわかる仕組みになっていました。

最下層から上り詰めた維新の功労者たち

江戸時代の身分は、現在のわたしたちが想像するよりはるかに区別されていたのです。先ほど触れた「旗本」は将軍家直属の武士で、石高は一万未満ですが、将軍家の儀式などに参列できる武士たちのことを指します。戦国時代には戦場で主君の軍旗を守る集団を意味していました。近代でいえば近衛兵みたいなものでしょう。

そして「郷士」と呼ばれるのは、新しい領主が入国してきた際、前領主に仕えていた武士が土着化して、農業などに従事した階級で、身分は武士ということになります。つまり平時は農民で有事には軍事に従うという人々です。

土佐藩の郷士は有名で、坂本龍馬も下士の郷士です。土佐勤王党の武市半平太も同じです。関ヶ原の戦い後に、転封《てんぽう》された長曾我部家に代わって山内家が入ってきて、郷士になったということです。

また、岩崎弥太郎の岩崎家のように、貧しくて、郷士の株を農民や町民に売った者たちは、地下《じげ》浪人と呼ばれていました。けれど無禄無役になっても、名字帯刀は許されていました。このように、土佐藩は細かく身分制度を作って統治していましたが、それはどこの藩にもあったことです。

たとえば長州藩で維新に功績があり、日本の初代総理大臣になり、以後四度も総理を歴任した伊藤博文は、周防《すおう》の農民の子どもとして生まれましたが、父親が中間《ちゅうげん》になり、その後、足軽の伊藤家に養子に入ったため、父とともに下級武士になった人物です。

松下村塾で学んだということになっていますが、身分が低くて、部屋の外で聴講していたとされています。長州の志士の中でも、最も立場の弱い人物の一人と言えるでしょう。

それも生活が苦しく、ほんのわずかな日々しか学んでいないと言われています。その彼が頭角を現すのは、井上馨《かおる》らとともにイギリスに渡って英語を学び、その後、高杉晋作の通訳を務めるなど、長州藩の海外応接係をやり出してからでしょう。語学が身を助けたということになります。

若い時分には木戸孝允の指示に従って動いていたという史料もあります。伊藤がイギリスに渡航せず、英語がわからなかったら、人生も別のものになっていたことは明らかです。

木戸は四十代前半で病死してしまいますが、彼と並び、維新の三傑と呼ばれた薩摩の西郷隆盛も大久保利通も、それから間もなくして世を去ります。「薩長《さっちょう》土肥《どひ》」が維新を推進したと言われますが、政府の中心は長州の志士たちになったことは、歴史好きな人々には説明するまでもありません。維新三傑の後釜に伊藤博文が座ったのは当然の成り行きでしょう。

大久保は自分たちが欧米視察（岩倉使節団）をしている間に、急速に頭角を現した江藤新平を佐賀の乱で、また西南戦争で西郷を討ったことによって、佐賀や薩摩を弱体化させたということにもなります。

多くの人々が維新のために頑張ったのでしょうが、だからといっていい人生が待っているということはありません。明治の三傑と言われる人物は、みな非業の死を遂げていますし、伊藤も大久保と同じく暗殺されました。坂本龍馬も例外ではありません。「偉人」たちには常に悲劇性が伴い、それが彼らの人生だという気持ちにもなります。

伊藤博文の親は中間から足軽になったのですが、中間というのは武士の下働きや雑務をする者たちのことを指します。武家奉公人とも呼ばれていました。伊藤はそこから政治の中心に上り詰めたのですから、ひょっとしたら日本の歴史の中では、秀吉と似ているのではないかと思ったりもします。

身分制度がよりはっきりしていた時代であることを考えれば、その出世は、あるいは秀吉より上ではないかと夢想することもあります。しかし本当に幸福だったかどうかはわかりません。どういうふうに生きるかは心の問題だからです。

中間には名字帯刀を許された者もいますし、ただの奉公人としての中間も、決まった主を持たない渡り中間もいました。同じく武士の私的奉公人には小者《こもの》と呼ばれる者もいて、多くは農民や町民の出身で、一代限りの者がほとんどでした。

彼らは一般に「奴《やっこ》さん」と呼ばれていました。なぜ「奴さん」と呼ばれたかと言いますと、羽織っていた半纏《はんてん》の紋が四角形をしていて、豆腐のように見えたからです。また「三《さん》・一《ぴん》侍」と同じく「三・一奴」と陰口を言われる者もいました。

農民や町民に威張《いば》る人間もいたから逆にそしられることもあったのでしょう。「三・一侍」とは一年間の扶持が三両一分の身分の低い武士を蔑《さげす》んだ言い方で、「三・一奴」も同様です。

一両は時代によっても異なりますが、十万円から十五万円くらいではなかったかと言われています。幕末の当時、蕎麦《そば》は約十六文（五百円）、寿司は六十文（二千円弱）、床屋が三十文で千円前後と換算されていますので、とても生活できる金額ではありません。決まった仕事以外に特別な用事を頼まれたら、別途の手間賃や、心づけのようなチップをもらえる制度があったのではと想像できます。

歌舞伎を観る末席でも現代の金額で四、五千円したと言われ、特等席は六万円から七万円以上したということですから、現在の相撲の桟敷席よりも高かったということになります。千両役者と呼ばれる歌舞伎役者は千両、つまり一億円以上稼いでいたことになりますから、大変な高額所得者でした。地位の低い武士や中間は、身分的には威張れる立場にありながら貧しかったので、「三・一」と揶揄《やゆ》されたのでしょう。

当時の下級武士や農民は、厳しい身分制度で石垣のように強く固められていた自分たちの身分から、逃れようとした者たちも多くいたはずです。その願いが叶い、為政者として君臨したのが明治維新の立役者たちでした。そういう意味では、文明開化の外圧は、日本の国民ためには身分の解放を招く好結果を招いたことになります。

言葉が歴史と偉人を作る

しかし今度は彼らがヨーロッパの身分制度を真似して、華族という新しい特権階級を作ったということになるのですから、人間の心理はなかなかに理解できませんし、結局似たようなことを繰り返すのが、人間だと思案することもあります。

西郷隆盛のように、「敬天愛人」「命もいらず名もいらず」という人物ばかりなら、また別の国家が生まれたかもしれません。西郷隆盛や坂本龍馬が生きていたら、どんな国になっていたかとわたしたちが思うのは、彼らが心を打つ言葉を残しているからということになります。

その後、富国強兵の掛け声の下に軍国主義に走り、手痛い敗戦を迎えるのですから、歴史は常に悲惨さと共にあります。明治の「革命」も八十年も満たない年月で瓦解《がかい》し、今日の日本になるのですが、現在のわたしたちの豊かな生活と比べれば、彼らが強い悲劇の中で生きてきたと考えるのもそのためです。

間違いないのは反徳川と親徳川を問わず、多くの屍《しかばね》の上に、維新は築き上げられたということです。英雄はいつの時代も多くの人たちを消し去っていきます。それはいいとか悪いということではなく、命を賭けた闘いはモラルの外にあるのですから、平時の目で判断することはできません。

それでも西郷隆盛に人気があるのは、生き方の根底に、私利私欲に走らなかった清らかさを読み取ることができるからでしょう。清廉潔白という人間はそうそういないものです。少ないから逆に人物が光るのです。

わたしはそのことに関しては、元勲の中では伊藤博文にも感じます。それは彼が下級武士の出身で、人の痛みがわかる人間だったからかもしれません。もちろんこれはわたしの一方的な見方ですが、渋沢栄一の残した書物を読むと、西郷隆盛や伊藤博文には人間的な厚みを感じます。つまり義理人情に厚く、人のために生きるということです。

そのことは土佐の板垣退助にも感じます。彼は自由民権運動をやり、四民平等を唱え、維新後、明治天皇が爵位を授けるというのを二度も断っています。天皇の命令ということで拒否できなくなりましたが、しかし、爵位は一代限りとしています。名誉も欲も持たない。わたしは弱者に目を向ける政治家が一番いいと思っていますので、やはり人物だったと言えます。

維新に功があったからといって、すべて素晴らしい人物だということはありません。

欲が深かったという維新の立役者もいます。たとえば坂本龍馬という人物がいます。彼はどうしてあんなに英雄扱いされるのでしょうか。

一介の浪士にすぎなかった龍馬がなぜ亀山社中や「海援隊」を作り、藩船を自由に動かすことができたのでしょう。土佐藩主の山内容堂の後ろ盾があったということもありますが、武器商人と関わっていたのではという疑問もあります。その人物が英雄ということになっています。

土佐は、龍馬にばかり光が当たっている気がします。光が強ければ逆に影も濃くなります。彼を英雄にしなければいけない理由があったからこそ、そういうふうに祭り上げられたと考えることはできないでしょうか。

隠されたものの目眩《めくら》ましとして、英雄譚を作り上げたのではないでしょうか。あるいは司馬遼太郎をはじめとする歴史小説家の影響もありますが、公武合体を主張したからということもあるかもしれません。

歴史はいつの時代も闇の中にあります。目に見えない暗闇の中のものを動かすのは、歴史を作ろうとする者です。為政者は自分に都合の悪いことは隠蔽しますし、隠蔽や秘密主義は権力につきものです。

隠蔽と暴力は民主主義から一番遠くにあります。それゆえに歴史は、権力者によって意識的にうやむやにされたり、葬られたりするのです。

しかし龍馬や西郷が英雄として、今日も生きているのはなぜでしょう。それは、隠しても、あるいは無理に押さえつけても、彼らの存在が浮かび上がってくるのは、権力者が潰しきれない言葉を持っていたからだと考えます。

言葉が歴史と偉人を作ります。信長も秀吉も家康も、自ら書いた言葉や周りの者が書いた言葉が残っているから、その人物像が形作られているのです。蘇我馬子や聖徳太子に当時の残された文字があれば、また別の人物像が立ち上がってきたはずです。文字や発する言葉が人間の輪郭を作ります。西郷隆盛や坂本龍馬にはそれがあるというということになります。

実際、数多く残されている彼らの言葉は、押さえつけてもコンクリートの割れ目から伸びてくる雑草のような趣《おもむき》があります。言葉が人物を押し上げてくるのです。

政治的手腕よりも人間味のある言葉を持っていたからこそ、庶民の心に根付いたということになりそうです。龍馬の妻や姉に対する言葉、二度までも島流しになり、なおかつ自殺まで試みた末に、生きるために自ら西郷が摑んだ言葉は、彼の血肉となり、わたしたちに届くことになったのです。

「己を尽くして人を咎めず」「過ちを改めるには、自分が間違いを犯したと自覚すれば、それでよい。そのことをさっぱり思い捨て、ただちに一歩踏み出すことが大事である」「自分を甘やかすことは、最もよくないことである。（中略）自分の功績を誇って驕り高ぶるのも、みな自分を愛することから生じることであり、決して自分を甘やかす心を持ってはいけない」「人に提言するときには、公平かつ誠実でなければならない。公平でなければ、すぐれた人の心をつかむことはできない」などなど、西郷は人間の心理をしっかりと捉え、民主的なものの見方をしていますから、後世のわたしたちも彼に心を合わせ敬愛するのです。つまり言葉が人情味に溢れているのです。

惜しまれる小松と小栗の死

物事は理性よりも感情で進む傾向がありますが、その均衡はなかなかに難しいものがあります。

徳川幕府の重鎮たちと勤皇の志士たちが違うのは、やはり身分の低さや、差別意識の感情が強かったことだという気もしてきます。それは志士たちやそれを取り巻く人々の怒りが、エネルギーになっていることは否定できないはずだからです。

その怒りが世の中を変えようという力になりますが、それは外圧で時代が変化したというだけでは、成し得ないものがあります。体制を守ろうとする者は時代の変化を好みません。

もしそうすれば、自分たちの生きていく環境を失うということにもなるからです。そのエネルギーの差や志の必死さが、世の中に渦を巻き起こしたということになります。

そして維新をやり遂げた後でも、無欲そうに見える人物が光を浴びることにもなります。そのことをわたしは西郷隆盛や伊藤博文に感じますが、世の中を変えた者にも、私利私欲に走った人たちは多くいます。

藩主や領主に代わって彼らが藩の権力を握るにあたっては当然、軋轢がありました。そういう意味では、わたしは薩摩藩の小松帯刀《たてわき》や、徳川家の小栗忠順《ただまさ》のほうをよしとします。

なぜなら、西郷や勝海舟よりはるかに身分の高かった彼らが、世の中を変えようとしたからです。小栗忠順には異議を唱える人もいるかもしれませんが、坂本龍馬や孝明天皇が進めようとした公武合体の政治に関わっていたら、また別の人物像が浮かび上がってきたはずです。

小松帯刀は薩摩の吉利《よしとし》の領主で二千六百石、当時は薩摩藩の家老でした。小栗忠順は幕臣で勘定・江戸町・外国奉行を務めた禄高二千七百石の旗本です。大家族の上、多額の借金があったという四十七石の西郷家や、それなりに裕福だったとはいえ、やはり郷士の身分だった坂本家などとは、二人とも格段に立場が違います。

平時なら西郷も龍馬もなかなかお目通りできないような地位にあった彼らが、もう少し長く生きていたら、どういう社会ができていたのだろうと考えます。

駐日公使を務めた英国の外交官で、二度の滞在を含めると、日本に二十五年もいたアーネスト・サトウは、小松帯刀を、「日本人の中でもっとも魅力的な人物」「政治的能力があり、態度が人にすぐれ、友情が厚く、人物は傑出していた」と語っています。

大隈重信は小松について、「学識があり、志気卑しからず」と述べています。小松のほうが優秀だと思っている者から見れば、大隈の言葉は滑稽《こっけい》にも感じますが、人物評を言えるのは長生きした者の特権でしょう。

小松帯刀の死因は結核もしくは癌と言われ、三十六歳で逝っています。「薩長同盟」「大政奉還」「薩英戦争後の友好関係」など、維新の筋道を立てた人物です。また「開成所」という洋学校をつくり、藩士にオランダ語や英語、西洋医学や航海術、あるいは天文学などを勉強させるなど、多くの功績を残しています。西郷や大久保利通らには立場的上できないことを決断し、実践しています。

幕府側の小栗忠順も大変な才覚を発揮しています。アメリカや世界を回ってきた後に、富国強兵を進め、横須賀に製鉄所を造り、多くの政治制度改革を成し遂げています。
武士の俸給を扶持米から金《かね》に改めたり、国内に貿易会社を作ったり、今日の日本の土台を構築したと言っても言い過ぎではないでしょう。

しかし薩長との徹底抗戦を唱え、最後はまともに取り調べも受けず斬首されています。もし徳川慶喜が勝海舟の薩長への恭順策を受け入れなければ、どうだったかという気持ちにもなります。

その勝海舟は小栗のことを評して、「眼中には徳川あるだけで、大局達観の明なし」と言っています。もちろん彼が亡くなった後の言葉ですが、小栗が生きていればとてもそんな言葉を公にすることはできなかったはずです。なかなか辛辣な言葉を浴びせています。

あるいは、「小栗は三河武士の長所と短所を持っていて、度量がなかった」とも言っています。家康が幕府を開いて二百六十年も経つのに、三河武士に対してずいぶん乱暴な括り方ですが、小栗に能力がなければ、すぐさま斬首ということはなかったはずです。薩長は小栗の力を本当に怖れたということでしょう。

もし徳川慶喜が勝海舟の意見より、小栗忠順の考えを取り入れていたら、また歴史は変わったはずです。公武合体が現実になったかもしれません。

「士農工商」とは名ばかり

そういう意味では慶喜が自ら歴史を変えたということにもなりますし、勝が徳川を終わらせたということになります。

その勝海舟の曽祖父は、越後刈羽《かりわ》郡の貧農の家に生まれた米山検校《けんぎょう》という人物です。検校とは盲人の官位で、彼は十代で江戸に出てきて鍼医《はりい》となって、その後金貸し業で財を成し、旗本の男谷家の株を買って、子の平蔵に継がせたことで、武士の家系となりました。さらに、百石の旗本となった九男・信陵の三男・小吉が勝家の株を買って勝家を継承します。その息子が海舟というわけです。

ですから、旗本といっても、三河時代から徳川家に仕えてきた家柄の小栗忠順と勝海舟とでは、大きな格差があります。江戸時代には農民でもお金があれば武士になれました。

たとえば農民が帯刀を許されるには数十両、苗字を与えられるにも百両、藩によって金額は違いますが、両方合わせて、だいたい百三十両から百七十両前後あれば、武士になれたとされます。

一両を十万円とすれば、千三百万から千七百万円くらいとなります。藩によっては、武士になる価格表もあったと言われますから、相当に大っぴらに売買されていたということになります。

売買が成立しなければ大幅な値引きもあり、半額以下になったとも言われています。時代が進むと三分の一に値下げされ、投げ売り状態にもなっていたようです。農民の息子だった伊藤博文や渋沢栄一らが武士になれたのもそのためです。

武士も生活が苦しく、廃業する者も多くいたということです。後に三菱を興す岩崎弥太郎の曽祖父は、逆に貧しさから土佐の郷士の権利を売っています。

小栗家とは格式が違いすぎる家柄の勝海舟が、今日言われているように活躍していたとすれば、それは背後に慶喜がいたからということになるでしょう。彼の経歴を読んでいくと、小栗の政策や先見の明には及ばなかったという思いになります。

交渉術や自分を大きく見せることには長けていたようですが、現代の「歴史」は、勝が書き残した『氷川清話』のように、勝ち残った者の目から見ている傾向が強くあります。

薩長や天皇家に恭順した勝と主戦派の小栗とでは、徳川に対する思い入れは当然違います。出身も違うし、幕府に仕えた歴史もまったく違います。

なにも鍼師の曽祖父が、金貸しで財を成した勝海舟の身分をとやかく言うのではなく、どれだけいい仕事をしたかで人物を決めるとすれば、やはりわたしは小栗忠順のほうが上ではないかと考えます。

勝のようにお金で士分になった人物はたくさんいます。水戸藩の徳川斉昭の腹心、藤田東湖の実家は古着屋です。新選組を結成した清河八郎は酒造りの子息、新選組初代局長の芹川鴨は豪農の出ですし、時代を遡《さかのぼ》れば、八代将軍吉宗の母親は農民出の風呂番、五代将軍綱吉の母親は八百屋の娘です。

士農工商の身分は、今日のわたしたちが考えているより、もっとゆるやかだったのではないでしょうか。格式を重んじるようになったのは、むしろ維新以後の新しい制度からではないかと思ったりもします。

奴さんや農民が華族になったのですから、権威主義も逆に強くなったのではと想像します。江戸時代には戦争もなく、庶民文化が成熟していったのですから、お金を持っていた人間のほうが、上辺だけの身分制度よりも、実際は優位に立っていたのではないでしょうか。

そうでなければ、武士を廃業する人々が続出することはないはずです。それは公家も同じで、二千数百人いた彼らには、徳川家から一括して十万石が与えられていましたが、財政難に陥った幕末には、六万石前後しか与えられていなかったことがわかっています。

しかも、その半分は天皇家が祭祀や生活費に充て、残りを公家たちが分け合いました。彼らの生活は困窮を極めていて、出入りの商人たちは品物や食料を売り渋っています。お金を払わないから売りたくないのです。

出かける時にもお供がおらず、彼らの丁稚《でっち》を家来として付き添わせたり、まともに着る物もないので、仲間と貸し借りして着回したり、襖《ふすま》も障子も張り替えができない有様でした。

それらのことは大佛《おさらぎ》次郎の『天皇の世紀』を読むとわかります。生活が成り立たなければ必死にならざるを得ません。下級の公家だった岩倉具視たちが、維新に懸命だったのもわかります。

一石は米十斗、つまり百升・千合で、米俵(一俵は六十キロ)にして二・五俵ですので、六万石では十五万俵となります。その半分の三万石を二千人以上の公家で食べていくのですから、とても生活ができるものではありません。当時は一日三合食べたと考えられますので、すぐになくなってしまいます。

天皇や公家たちに光が当たり出したのは、本居宣長や平田篤胤《あつたね》らによって、国学の機運が高まってきたからです。端的に言ってしまえば、民族主義が台頭してきたというわけです。

外圧によって、日本人がアイデンティティに目覚めたということになるのかもしれません。ヨーロッパの神や王の存在に匹敵するものはないのか。そんな思いにもなったはずです。

そうなれば古い時代から一番言葉を持っているのは天皇です。尊王・佐幕の戦いに勝利した薩長が、神道による国家造りを推進したのが明治以降の日本ですが、その時現人神《あらひとがみ》となった天皇が、昭和の敗戦によって人間に戻ったということです。

日本の歴史上、維新から敗戦、グローバル化と呼ばれる現在までの日本は、有史以来、最も劇的で大波に翻弄された時代でもあります。わたしたちがそれまで持ち得ていた文化や道徳も、あるいは意識ものの見方も、すっかり変わってしまいました。

キリスト教を禁じた秀吉の英断

明治の人間が先進国の軍艦や武器を前にして瞠目したのは事実ですし、追いつき追い越せと頑張ったのも本当でしょう。そうしなければ、清国や世界中の植民地と同じ立場になると、危機感を抱いたのも事実でしょう。

そんな環境に陥らないようにするにはどうするか。やはり国内を一つにして、外国と対峙《たいじ》しようとする気持ちになるのもわかります。国学が盛んになり、民族主義が台頭してきたとしても不思議ではありません。

徳川を倒すために薩長が天皇を崇め、再び政治の舞台に登場させたのも理解できます。天皇を国家の中心に置けば、自分たちの目の上のたん瘤のような徳川は必要ない、排除できると考えるのは当然のことです。

公武合体を反故《ほご》にしても、痛みを感じることなどなかったはずです。そこは徳川慶喜や幕臣よりも、西郷や岩倉らの読みのほうが上だったということになります。どんな理由があるにせよ、慶喜の判断があまかったということにもなってきます。大隈重信は、慶喜のことを優柔不断、判断力に欠けていると言っています。

有史以来、日本は政治制度を何度か代えています。一番初めは物部氏を中心とした自然神道による政治で、それが仏教を信奉する蘇我氏と争ったのが、日本の宗教戦争の始まりとされています。

蘇我氏が勝利した後は、仏教による政治が長らく行われました。徳川家康はそれを儒教に替えて政治を行い、薩長は天皇中心の神道国家を作り上げ、敗戦後はＧＨＱ主導による「民主主義政治」ということになっています。

極端で大雑把な括り方ですが、その間に信長がキリスト教の影響を受けた政治を行っています。もし彼が志半ばで殺されていなければ、政治の形式も世の中も大きく変わったはずです。

お城になぜ天主（天守）閣があるのか、どうして楽市楽座ができたのか。天主というのはカトリック教会の神のことです。彼とキリスト教との関わりはもっと公になったほうがいいと思います。

ちなみに「天守閣」は明治から使われだした言葉ですが、なぜ天主閣が天守閣になったのかと想像します。神道国家建設と関わっているという気もします。また信長は宣教師ともよく会っています。そのことはルイス・フロイスの『日本史』を読むとよくわかります。

今日の信長の人物像には、彼らが詳しく書き残したものの影響が強くあります。もちろん信長の家臣だった太田牛一が書いた『信長公記』を始め、他にもいくつか史料はありますが、彼の人物像やものの考え方も一面的すぎる気もしてきます。

同じことは秀吉にも言えます。朝鮮に侵略したことや、キリスト教信者を殺したことなど、狭量で残忍な人間に思われがちで、あまりいいイメージがありませんが、わたしはむしろこの人物は、日本人にとって大変にいいことをしたと思っています。

長崎の大浦天主堂には、彼に殺された「日本二十六聖殉教者聖堂」があり、今日ではユネスコの世界遺産に登録されています。その二十六人の聖人は、秀吉の命令で磔《はりつけ》にされた人々ですが、少し調べていくと、実はもっと深い理由があります。

秀吉が明智光秀との戦いに勝利して天下を獲った時には、まだキリスト教は禁教ではありませんでした。国内には多くの伴天連《ばてれん》や商人たちがいました。伴天連とはポルトガル語の「ＰＡＤＲＥ」からきていて、神父という意味です。

当時、宣教師や商人たちは多くの日本人奴隷を売買し、マカオやインドのゴアなどの奴隷市場で売りさばいていました。奴隷の数は十万とも三十万とも言われ、正確には把握できていません。

また日本人奴隷ばかりではなく、中国人・朝鮮人・東南アジア・インド人奴隷などもいました。白人の目には有色人種はみな奴隷に見えたのでしょう。そのことは『大航海時代の日本人奴隷』（ルシオ・デ・ソウザ著、岡美穂子訳、中公選書）に詳細に述べられていて、奴隷はアルゼンチンやアフリカにまで売り飛ばされています。

秀吉はそのことに激怒して、伴天連追放令を出し禁教にしたとも言われています。このことは、刀狩りとともに日本の今のかたちを作る結果になったと思っています。

徳川幕府も禁教にしましたが、それは、キリスト教徒が仏教や神道を蔑《ないがし》ろにしたため、また一向一揆のような反乱を起こす恐れが理由だったとも言われます。ただ、秀吉が奴隷売買を理由に禁教にしたのは紛れもない事実です。

当時、すでに多くの大名にキリスト教は浸透していて、彼らが秀吉よりもキリスト教の教えに従えば、国家は統治できなくなるどころか、別の国家体制ができる懼れもあったはずです。

あるいはまた戦国時代に戻ったかもしれません。それゆえに徳川幕府も禁教にして弾圧を続けたのですが、国家にとって危険な思想だと見抜けなければ、今日の日本はなかったはずです。

全体主義や独裁政治が宗教を遠ざけるのはそのためですし、当時の彼らもそのことに気づいたのだと思います。もしキリスト教が広まりを見せていれば、東南アジアや南米の国々のように、日本の文化も、彼らの文化の中に埋没して行ったと考えられますし、ゆくゆくはキリスト教圏の国々に支配され、植民地にされたはずです。

わたしたちは今日、秀吉や徳川幕府が鎖国を行ったことが、悪かったような印象でものを言う傾向がありますが、逆だと考えます。禁教や鎖国をしなかったら、天皇制も現在の「民主主義」国家もなかったはずです。

敗戦後アメリカの「民主主義」が入ってきて、二十六聖人を磔にした秀吉は悪者になっていますが、それは彼らの立場から見てのことです。殺された人たちには同情を禁じ得ませんが、それならなぜ長崎に原爆を落とした場所に、広島のように後の世に残す記念的なものがないのでしょうか。

あるのは平和記念像です。それも長崎出身の彫刻家の北村西望氏が後から造ったもので、それまであった原爆投下の痕跡はなくなりました。まして西村氏は戦争中に軍人像を多く造った人物で、記念像を造るということを耳にして、自ら売り込んだと言われています。

名前は「平和像」ですが、その言葉からはずいぶんと遠いもののようにも思えてきます。モデルとなったのも、陸軍大尉の吉田廣一氏とされています。

その後、長崎に立ち寄ったローマ法王も訪ねてはいませんし、平和記念像には決して行かないというカトリックの人々も未だにいます。キリスト教信者の多かった土地に原爆を落とした負い目からアメリカが圧力をかけ、原爆ドームが残されている広島のようにさせなかったことは、多くの書物によって指摘されています。

それは歴史を消そうとしたということです。それに従った当時の長崎市長は大罪を犯したと、わたし個人としては見ています。磔になった聖人たちの像は残され、原爆の悲惨さを語るものは「平和公園」から排除されました。

何度もあの公園を歩いてみましたが、日本二十六人聖人の顕彰を目的にした博物館と、平和の像を見比べると複雑な感情に襲われます。

悪意でものを言っているのでもなく、一人一人の命の大切さもわかっているつもりですが、一瞬にして何万人もの人が亡くなったことを考えると、一層重い気持ちになります。

日本二十六人聖人像が、カトリックのプロパガンダというつもりはありませんが、少しでも公明・公正・公平に物事を運ぶのが、民主主義の基本だと考えている者から見れば、やはり苦い感情が走る時があります。

歴史は勝者が作っていくということも理解していますが、そういう意味でも、禁教にした秀吉は、もっと評価をされてもいいのではと夢想したりもするのです。

外国文化を排した唯一無二の指導者

秀吉の禁教後に、キリスト教国家が攻めてこられなかったのは、日本が世界でも有数の軍事国家だったからでしょう。武士は軍人であり兵隊です。しかも、戦国時代が収まるまでずっと戦をしてきたのです。強いはずです。まして日本は極東にあり、当時、彼らが進出していた東南アジアから攻めてくることは容易ではありません。何隻の帆船がいるでしょうか。

一艘に二百人から三百人の人間を乗せたとしても、到底制圧できません。日本のどこに上陸しても武士はいます。戦うには食糧も要ります。異国でどうやって調達するのでしょうか。もし制圧できるとすれば、日本の大名を味方につけ、反乱を起こさせるしかありません。

それを断ち切ったのが秀吉であり、後を継いだ徳川幕府ということになります。ゆえに秀吉は賢いと思いますし、布教を許可した信長の世が続いたら、先々はカトリック教国の手に落ちたのではないかと想像するのです。

すでに大友宗麟、小西行長、黒田如水、高山右近、有馬晴信など多くのキリシタン大名がいました。彼らが連携すれば、世の中は間違いなくひっくり返り、キリシタン国家ができたかもしれません。信者は施政者よりも、信じる神の言葉を受け入れ、必ず軋轢を生むだろうということはすでに述べました。

この時にキリシタン国家とならなくても、遠い将来、幕末の時代に多くのキリシタン大名がいたとすれば、武器商人の裏にいたイギリスやフランスに呑み込まれていたかもしれません。国学の民族主義が広がったのも幸いしたかもしれませんが、鎖国によってキリシタン大名がいなくなったのもよかったような気もします。

当時の関係性を思うと、宣教師は、キリスト教に好意的だった信長とは近しい関係にありましたが、信長の家臣にすぎなかった秀吉とは、まだ直接の関係を築き上げる間柄にはありませんでした。

ルイス・フロイスは一五八三年、今後の布教活動の手引きとするため、日本におけるイエズス会の活動の記録を残すよう命じられます。そうして書き綴ったのが『日本史』ですが、この書物の中で秀吉は、品位がない、狡賢《ずるがしこ》いなどと辛辣《しんらつ》に書かれていて、それが今日の秀吉像に多大な影響を与えています。

秀吉が天下を獲った後は大阪城で謁見《えっけん》もしていますが、禁教となり、一五八七年には伴天連追放も出されています。フロイスは一五九二年まで、日本で『日本史』の執筆を続け、いったんマカオに渡った後、一五九五年に再び戻ってきて、二年後の一五九七年に亡くなりました。これはちょうどカトリックの二十六聖人が磔になった年のことです。

信長が生きていた頃には布教活動も進んでいたのに、秀吉の時代に一変するのですから、その動揺と戸惑いは大変なものがあったはずです。自分たちの命も安全ではありませんし、彼らにとっては受難の時期ということになります。

その頃にフロイスが書いた記録や人物像が、今日のわたしたちの見方の根底にあります。秀吉がことさらに悪く書かれているのは、フロイスの主観で、日本人のすべての人々がそう見ていたわけではないはずです。

しかし、今日における彼の人物像の大部分は、フロイスが書き残したものが下敷になっています。主観が入れば文章は悪意のあるものにもなりますし、言葉は人を攻撃する武器にもなります。天下を獲る人間には、卑怯さや狡賢さもなければならないはずです。

それによって客観性が損なわれていくことにもなります。わたしが秀吉の今日の人物像が信長や家康の人物像とはずいぶんと違うと考えるのもそのためです。彼が禁教や刀狩りをしなければ、後代の徳川幕府は二百六十年も続かなかったと思いますし、天皇が再び表舞台に出てくることもなかったでしょう。国学の機運も高まらなかったと考えます。

わたしが言っていることは独断的で妄想に近いものかもしれませんが、近世から近代までの国造りの基礎は、秀吉に負うところが大きかったと考えます。

それまでの日本は、外国の政治体制や思想を取り入れて、国家運営をやっていましたが、その文化を遠ざけた第一人者が秀吉だったと思っています。律令政治や徳川の儒教政治、維新後の欧化政策と違い、唯一、外国文化を排除したのが彼だという気もしてきます。

秀吉の禁教がなければ国のかたちも大きく変わったと感じます。ルイス・フロイスの視点だけから秀吉を見るのは一方的に過ぎます。彼について残された他の文字と比べてみて、人物像を見つめ直すということが重要ではないでしょうか。

信長の比叡山焼き討ちは経済戦争

今日の龍馬が龍馬たる所以は、彼本人や周りの人物が一次史料として、多くの言葉を残しているからだということになります。歴史には常に隠蔽されたものがありますから、まず疑ってみることが大切でしょう。勝海舟が書き残したものだけではなく、福沢諭吉らの龍馬評などと比較すると、ずいぶんと違った人間像が立ち上がってきます。

明治維新にも隠されているものが多くあるはずですから、偉人の一人だけの言葉を信じるのは危険ということになります。

歴史は新たな文書類の発見によって別の見方に変わっていきます。イザベラ・バードやルイス・フロイスらが書き残したように、そのうちバチカンに眠る日本に関する文書が発見されたりしますと、また歴史も人物評も変わってきます。

維新の歴史はイギリスやフランスの武器商人たちの目から日本を見たほうが、正鵠を射ていると考えます。わたしは西郷隆盛や坂本龍馬、勝海舟らがことさらに英雄になっているところに疑念を抱きます。英雄の裏側には黒い歴史も多くあると思うからです。

英雄と呼ばれる人物は例外なく多くの人を殺戮《さつりく》しています。ナポレオンやスターリン、毛沢東、織田信長などの例は内外に数えきれないほど存在します。

人物の評価とはなんなのかと疑問を持ちます。戦争に勝っても家族が亡くなれば、素直には喜べないものがあります。国家が繁栄しても、個人が犠牲になれば世の中を恨むでしょう。

どんなことがあっても、物事の善し悪しは個人に帰結してきます。家族や恋うる人を失う悲しみは、身分の上下には関係がありません。指導者が戦いに勝ったとしても、息子を失っていれば心が重くなるのは必定です。ただお国のため国民のためと、自らに言い聞かせて生きるしかありません。

それは西郷隆盛であれ、日露戦争の乃木将軍であれ、みな同じことだと考えます。そして過剰に生きる者たちの結末も悲劇を孕《はら》んでいます。

西郷隆盛、大久保利通、伊藤博文、坂本龍馬など多くの人々は凶刃に倒れました。英雄に悲劇はつきものだと思えばそれまでのことですが、それゆえに彼らの人生が逆に光り輝くのは、そのためだという気もします。

世の中をどうしたいという気持ちが乏しいわたしに、彼らの熱情や心の中を見ることはできませんが、彼らもまた、幸福よりも悲劇の中を生きようとしたのではないかという気もしてきます。幸福は夏の夜の流れ星のようなもので、その一瞬の輝きを目に焼き付けて、これからもいいことがありますようにと願うのが、わたしたちの人生のような気もします。

一方、彼らは世の中を変えたい、このまま人生を終えたくないという強い願望が、自らを突き動かしたのかもしれませんが、どんな人生がいいのかと考えるのは、誰しも同じことでしょう。

その願いをどこに置くかで人生は変わってきます。天下国家を憂うよりも家族第一と考える人間は、幸福の中身も違ってきます。人の人生や歴史はその人だけのものですが、英傑や偉人の人生でも、ふと立ち止まれば、これでいいのかと自問しない者はいないはずです。その考え方の起点を国家に置くか、個人に置くかで生き方も違ってくるはずです。

歴史上の人物に対する見方も、どんな立場から、どのように見るかで変わってきます。信長を崇敬するか、あるいは恨むかということについても同じです。彼が比叡山を焼き討ちにし、一向宗と熾烈な戦いを続けたのも、経済戦争という視点から見れば、必ずしも信長は残虐だとばかりは言えなくなります。比叡山も、一向宗徒の多い加賀や大阪も、いわば独立国です。経済的利益を宗派が独占していたことは、多くの人々が知っています。

信長側から見れば、彼らは経済的な抵抗勢力ということになります。今日では信長の残虐性ばかり強調されていますが、極端に言ってしまいますと、そのことも宗派のプロパガンダというふうにも見えてきます。

穿《うが》ちすぎかもしれませんが、自分たちの宗教が激しい弾圧を受け、苦難の時を過ごしたが、今もこうして存在している、神や仏法のご加護があったのだと宣伝できます。

幕府を変えようとした男

今、わたしの手元に宮内庁発行の書物があります。そこには柿本人麻呂、中臣鎌足、楠木正成、北畠親房、豊臣秀吉、本居信長などの人物が忠君として載っています。

人麻呂は天皇を崇める和歌を詠み、中臣鎌足は大化の改新、楠木正成は後醍醐天皇を助けて鎌倉幕府打倒に動いた人物です。

北畠親房は伏見天皇を始め多くの天皇に仕えて、『神皇正統記《じんのうしょうとうき》』を書きました。皇位の正統性を論じた歴史書です。本居宣長も、『古事記』を今日のようにわたしたちが読めるように解読して、天皇中心の国学を広めた人物です。

いずれも天皇が天皇たる所以を示した人たちです。秀吉は言うまでもなく、信長や家康とは違って天皇に恭順し、「豊かな臣下」になった者です。天皇に仕える人間、統治を受ける人間ということになります。簡単に言ってしまえば金持ちの家来ということで、それで平民から関白になったということです。

掲載されている人物は、要するに天皇に対して忠義を尽くした忠君というわけです。天皇家に反旗を翻したり、蔑ろにしたりした人物は駄目だということになります。だから足利尊氏や徳川家康は遠ざけられ、維新以後も、徳川についた者たちは忠君ではないということになります。楠木正成は採用されても、足利尊氏や徳川家康は、紙幣の顔にはなりにくいということになります。

天皇は敗戦後、象徴となりましたが、それでも日本の中心にあることを意味しています。国家や政治の形態は民主主義のかたちをとっていますが、最終的には天皇が国民に代わって、首相や大臣らを任命・承認するということになります。

それに物事はなにか基準になるものが必要ですが、その基準は現在でも天皇にあるということにもなります。維新後、さまざまな法律や制度が作られてきましたが、「民主主義国家」になった敗戦後に残ったのは官僚制度だけだと言われています。

それで戦後、門閥や閨閥の代わりに、学閥や学歴社会ができたということになっています。その学閥と官僚システムがリンクしたのが、今の日本のピラミッド型組織のかたちです。

しかしこのグローバル化の時代ですから、それもいずれは変容していくはずです。実力がなければ身を立てることができないスポーツ界や実業界では、すでに今までの民族主義的な物言いは通用しません。一番遅れているのが現行の制度によって、利益を享受している組織だということになります。

また現代はIT革命に伴って、新たな文明開化の時代ということにもなります。同じ組織内でそのことを推進しようとしたのが、当時の小栗忠順や勝海舟ということにもなりそうですが、今日の政治と同じように、アメリカの「外圧」に沿って動くのか、内部から変えていくかという違いがあります。そして、内側から変えようとしたのが、小栗忠順だとわたしは考えます。

「日本工業化の父」ともいわれる小栗忠順は、遣米使節団としてアメリカに渡り、蒸気機関車や蒸気船、それを造る造船所を見て圧倒されてしまいます。彼は日本にもこういうものを造らなければと決心しています。ビルが立ち並ぶアメリカを見てなによりも近代化を考えました。

その使節団には福沢諭吉や勝海舟、ジョン万次郎も乗船していましたが、勝は使節団がサンフランシスコに着くと、幕府の命令ですぐに咸臨丸で日本に引き返しています。

小栗らの渡米の目的は、日米修好通商条約の批准書を交換するためでした。小栗が乗ったのはアメリカの軍艦（ポーハタン号）で、勝が乗っていた咸臨丸は木村摂津守を軍艦奉行に、勝を艦長にして、使節団の護衛船としてついていったものです。

小栗たちを護衛し終えれば戻ってくるだけです。それゆえに勝はアメリカを見ていません。その悔しさは相当なものだったでしょう。

歴史書には太平洋を往復した勝海舟のことばかり取り上げられていますが、勝は実際には艦長でありながら航海術の知識に乏しく、船酔いばかりしていて艦長室から出てこられず、アメリカのブルック大尉や乗組員の手を借りて航海を続けたと、福沢諭吉の日記には書かれています。テレビや映画とはずいぶんと違います。

その後、小栗はアメリカのブキャナン大統領に会い、通商条約批准書を交換しています。それからヨーロッパを回り、文明の違いを実感して戻ってきます。開国主義は彼のほうだったのです。

大久保、木戸、伊藤博文らが参加した岩倉使節団が派遣されたのは、明治四年（一八七一）のことで、小栗が使節団のリーダーとしてアメリカやヨーロッパに行ったのは、安政七年（一八六〇）のことですから、それより十年も前のことです。どちらが欧米の文明・文化を先に目にしたかは明らかです。

小栗は帰国後に外国奉行や軍艦奉行を務め、欧米列強とさまざまな交渉を行い、明治四年に横須賀製鉄所を造ります。その行動や政策を調べていきますと、勝海舟とは圧倒的な差があります。今日流布されている勝や坂本龍馬の話は、小栗の国家運営の功績が、彼らにすり替えられているという不信感も抱きます。

不甲斐なかった徳川慶喜

もちろん小栗と勝の身分には差がありますが、勝が書き残した文章に頼りすぎた歴史観と人物像ではないでしょうか。わたしが歴史小説家なら、勝の嫉妬が小栗を死に追いやった一因でもあるのではないかと捉えます。ことさらに小栗を評価していないのが、現在の歴史のように思えます。

当時の幕臣の多くは生き残ったのに、小栗は処刑場で非業の最期を迎えます。それだけ彼が怖れられていたということにもなります。もし小栗が生きていたら勝海舟の人物像も、今とはまったく別なものとなっていたでしょうし、坂本龍馬が歴史にこれだけ浮上してきただろうかという感情も生まれます。

薩長政治がやろうとしていたことの先駆者が小栗忠順だと考えます。組織というものは外部からの圧力に対しては、一体となって強固に頑張りますが、おおよその組織は内部のいざこざや軋轢で瓦解します。

勝と小栗が一枚岩であれば、また別の国のかたちが見えたはずなのですが、そうはなりませんでした。小栗の斬首《ざんしゅ》になんらかの勝の関与はなかったのかという想像も働きます。

というのも、勝だけが大きく世の中を変えたように書かれた歴史に、疑いの目が向くからです。それは坂本龍馬に対しても同じですが、一人の英雄に光を当て、その人物を立役者にして真実の歴史を闇に隠すという手法です。

たとえば上代の聖徳太子です。今日では実在したかどうかもわからない太子が飛び抜けて有能で、なにもかも一人で作り上げたようになっていますが、実際は蘇我氏全体で成したことを、聖徳太子一人の手柄にして、蘇我氏の功績を隠蔽したということです。なぜなら蘇我入鹿や馬子は逆臣とされているからです。

薩長から見れば小栗忠順はそういう人物になります。翻って勝海舟はどうなのかと考えますと、薩長から見れば味方で、維新に与した忠君となるわけです。それほど幕臣の中では彼の存在だけが際立っています。

後年、勝が慶喜の助命を嘆願するなど、いろいろと手を尽くすのは負い目があったからではないでしょうか。そんな穿った見方もしてしまいます。

小栗はもっと再評価されてもいいはずです。明治の海軍が日本海海戦でロシアに勝ったのも、彼が造った横須賀造船所や製鉄所があったからだとさえ言われているのに、勝の実際の業績より、小栗は過小評価されているように見えます。

結局はそれらのことをすべて踏まえての維新ということになりますが、わたしは「賊軍」と言われた人々のほうに、もっと目を向けるべきだと思っています。そのことはわたしが「稗史《はいし》」のほうが好きだということが多分に影響していますし、敗れた人々に目が向くからでしょう。

真実はこちらのほうに多くあり、それを闇の底に沈め、新たに英雄譚を作ったのは明治の薩長閥だという気もしています。公武合体論者の孝明天皇が三十六歳で天然痘のため急逝し、徳川家茂《いえもち》は二十歳、彼に嫁いだ皇女和宮《かずのみや》は三十一歳で、それぞれ脚《かっ》気衝心《けしょうしん》で逝っています。当時の記録では脚気で亡くなる例はほとんどないのに、若い二人は命を落としています。

そして嫌われていた萩（長州）藩が息を吹き返して、結果的に薩長同盟が成り立ったのですが、孝明天皇や彼らが生きていれば、また歴史が変わったというのも事実でしょう。

小栗は日本の工業化を進めるにあたり、反対する幕臣たちに対して、自分が「幕臣である以上、幕府のために尽くす身分で、それがまた幕府のためになる、徳川の仕事のおかげだと後で言われれば、徳川の名誉であり、国のため」だと言っています。なによりも近代化が必要なことを理解し、よく物事が見えている言葉ではないでしょうか。

また徳川家を親の病気に準《なぞら》えて、「もう治る見込みがないからといって、親に薬を与えないのは親不幸ではないか、たとえ国が滅びても、我が身が倒れるまで公事に尽くすのが真の武士」と言っています。

大政奉還の後、薩長や公家の一部は、公武合体を反故《ほご》にし「王政復古」を進めて行きます。直に鳥羽・伏見の戦いに突入していくのですが、江戸に戻ってきた慶喜に再考を訴えた小栗は、逆に役職を解かれています。

慶喜の心の中はどうだったかはわかりませんが、たとえイギリスやフランス、アメリカやドイツなどの列強が内戦を利用して、日本を虎視《こし》眈々《たんたん》と狙っていたとしても、武士の頭領としては不甲斐ないというそしりを受けても、しかたがないところがあります。

武士は特権階級で役人でもありますが、いざとなったら軍隊でもあります。にもかかわらず、慶喜は戦っている兵士を残して退却したのです。いろいろと後付けの話はありますが、指揮官がいない戦争などあり得ません。

その上彼は、八百万石の棟梁だったのに、静岡に七十石を宛てがわれて余生を全うするのです。それについて今日でも強く批判を受けることもありませんし、日本のためによくやったという文章もあります。天皇に恭順した彼は忠君ということになるのでしょう。

その後、薩長と幕府軍は函館まで戦いをしていきます、その間に徳川方の多くの武士や婦女子が亡くなっています。見方を変えれば、慶喜は部下を見殺しにしたということになってきます。

個人的には満洲で多くの国民を置いて逃げた関東軍に似ている気がします。現在から見るわたしたちの肯定的な目と、当時の人々の目には相当の乖離《かいり》がある気がします。

慶喜と勝はどういう気持ちだったのでしょう。

旗本として代々仕えた小栗のほうが筋も通っています。わたしには小栗の考えのほうが正鵠を射ているように思いますが、彼は逆に無役にして遠ざけられてしまったのです。

第六章

韓国はなぜ「日王」と呼ぶのか

すぐに忘れる国と忘れない国

勝は無血開城して、江戸の町民を救ったということになっていますが、それまでに薩摩側は江戸の町を焼き討ちするなどして幕府を挑発し、町民に不安を抱かせています。

その行動も西郷の智慧ということになっていますが、詳細に調べていきますと、当時すでに勝海舟と西郷隆盛は面識があり、心を通じていたとあります。

すると、あの無血開城や江戸を勝が守ったという美談は、今一度考え直してみる必要があります。薩長と徳川の争いの背後には英仏の武器商人がいて、国内が戦争状態になると、彼らの植民地政策の餌食になるところだったという人たちもいますが、それは本当でしょうか。

すでに国内は内乱状態にあり、それぞれ背後にいる英仏がどんなに最新の武器を持っていたとしても、当時どれだけ英仏の兵士がいたでしょう。英米の軍艦が大挙してやってきた気配もありません。確かに武器はいい値で売れて彼らの懐《ふところ》は潤ったでしょうが、日本を征服する力まではなかったはずです。

それを後付けでものを言うのは、どういうことだろうと思うことがあります。そんなことはない、植民地にされた国は多くあるではないかと言う人もいるでしょうが、それは間違いというものでしょう。日本は以前から軍事大国で、兵士は人口の一割もいたのです。それらを負かす兵器や兵士を、彼らは遠い極東の日本までどうやって調達しようとしたのでしょう。

ところで、その後の世界は朝鮮を日本の植民地と見てはいません。併合国として見ているのです。日本に抵抗する者はいたでしょうが、日本の植民地から戦後、独立したわけではありません。

実際、彼らは自国より豊かな日本にたくさん出稼ぎにきていますし、勉強するために数えきれないほどの人々がきています。文学の世界でも立原正秋《たちはらまさあき》や金達寿など多くいます。心が痛むことですが、同胞として特攻隊になった人もいます。

しかし、朝鮮の立場からすれば許せないこともあります。どこの国でも属国状態になれば悲惨な目に遭います。だからといって日本を正当化するわけではありませんが、ではなぜ朝鮮の人々は大挙して日本にやってきたのでしょう。

戦前も戦後も密入国者は多くいましたし、学問も文化も、日本から半島に伝わって行ったものもたくさんあります。わたしは民族主義者でも差別主義者でもありませんが、やはり今日の韓国が見る日本の姿は歪《いびつ》に感じます。

大統領が恨みは千年経っても忘れないという国です。どんな些細なことでも攻撃してきます。それに恨みを晴らすためなら、仲間を陥れてもいいという国です。最近でも慰安婦・竹島・靖國・原発の放射能・戦犯旗（旭日旗）・日本海（東海）呼称・歴史教科書問題・オリンピックボイコット・軍艦島・佐渡金山世界遺産登録反対など、なにもかも反対です。ことさらに軋轢を生むようなことを言います。

そしていざ好太王碑《こうたいおうひ》の拓本の碑文が本物だとわかり、自分たちの都合が悪くなると、国家ぐるみで頬被りして黙ってしまいます。

それに属国化や戦災においては、古今東西、悲惨さを味わわないということはありません。日本も全国的に空襲を受けましたし、原爆も投下されました。ソ連にもひどい目に遭わされました。それでも日本はなにもかも忘れたふりをして生きていきます。

韓国とはずいぶんと違い、恨みとか怨念というものが、乏しい国民性なのかもしれません。日本は古来、戦いに負けると、すべて服従してしまう傾向があります。島国から逃げ出すこともできませんので、服従して生きるしかないと思ったのかもしれません。

しかし、また繰り返しますが、外国との戦争は違います。民族の誇りを蹂躙されるわけですから、必死に抵抗するのが普通ですが、日本は、直ぐにアメリカの言いなりになって国家を再建しました。

アメリカはこんなに統治しやすい国はないと思ったかもしれません。大きな抵抗もなかったのですから、民族の誇りというものに乏しい国民なのかもしれません。

日本人は逆に謝ってしまいますし、そうしておけばうまくやっていけると、ＤＮＡにすり込まれている気もします。歴史上絶えず侵略の危機にさらされ続けた韓国は、日本とは違います。訂正したり謝ったりすることはめったにありません。謝れば、そこを突かれて、不利になるという防御本能がＤＮＡに組み込まれているのかもしれません。

謝るどころか、反対に攻撃に転じる傾向があることは、今日の日韓問題を見ればわかることです。政治と国家間のことになれば、もうなにを話しても無駄という感情も走ります。

常に高みからものを言い、日本を制裁するとか糺してやるというような姿勢を感じるのは、わたしだけではないはずです。未だに「小中華」意識があるのか、自分たちの優位性を主張しているように見えます。

彼らが言う歴史とは、日本から見れば正反対のことも多いのですが、嘘も百編つけば真実になるというたとえが、韓国ではまかり通っている気もしてきます。自分たちの国史である『三国史記』を目にすることもあまりないようですし、興味を持つところが違うのかもしれません。

もちろん脱解《だつかい》や瓠公《ここう》のことも知らないでしょう。それでなければ未だに桓武天皇が自分たちの祖先だとも言わないはずです。すでにその時代においては、帰化人の身分は低かったことはわかっていますし、何でも自分たちのほうが優秀だったという言い分はプロパガンダにすぎません。

箱根より東に狛江市や志木市、高麗《こま》郡など、新羅や高麗に関係する地名が多く存在するのも、彼らを都に近づけなかったことを示していますし、未開地の開拓のために入植したというほうが当たっています。日本においては高麗人や新羅人よりも、百済人のほうが優位に立っていたということになるのでしょう。

それを彼らのほうがすべて文化水準が高かった、優秀だったとすり替える歴史は、現在の韓国においても続いていると考えます。

韓国の歴史捏造と整形手術

実は朝鮮は、日本にも室町時代から江戸時代まで朝鮮通信使を派遣して、多くの貢ぎ物を繰り返しています。日本から見れば朝貢ですから、中国・日本と二重の冊封国になっていたのです。

それが教科書では彼らの文化が入ってきて、日本に影響を与えたとなっているのですから、わたしたちの歴史認識も不思議というしかないものです。いつからこんなことになったのでしょうか。韓国は喜ぶでしょうが、自国の歴史もまともに教えないところに、わたしたち日本人の不幸があります。

以前はそんなに器量よしではなかったが、整形手術をして美形になったからといって、昔から美人だったと言い張ることはできません。韓国も日本も整形手術大国になってきましたが、度がすぎると顔かたちが崩れてきます。

手術によって得た美形を維持するために、施術を繰り返さなければいけなくなるのと同じように、嘘に嘘を塗り重ねるようになります。昔から美形だったという思い込みを持たなければ、逆に生きるのがつらくなってきます。

失礼な書き方ですが、整形美人から「わたしは昔からずっと美人だったのだ」と暗示をかけられ続けているのが、今の日本と韓国の歴史にも思えてきます。わたしは歴史捏造《ねつぞう》と整形手術はよく似ていると考えていますが、恐ろしいのは美形になった写真は残し、それ以前の写真は破棄されたり、燃やされたりしていくということです。つまりはきれいになった時から嘘の歴史が始まるということです。

少し公平に歴史を探っていけば、彼らが日本に問う歴史認識は誤りであることがわかるのに、今日でも正しいと思い込んでいる事柄を疑おうとはしないのです。都合のいいところだけを、自分たちの歴史にしているように見えます。

韓国の知識人の一人で韓国哲学学会会長を歴任した申一輸氏は、自国の一九九六年度版の高校生用教科書『国史（上）』で、「倭乱でわれわれが勝利を収めることができたのは、わが民族の持つ潜在力がすぐれていたためである。すなわち、官軍レベルの国防能力では、わが方が日本に遅れをとっていたが、全国民的レベルでは、日本を凌駕した」と書いています。

史実はまったくそうではないはずです。朝鮮通信使と同じように江戸幕府に対して朝貢国だったのに、歴史は捏造され、反転して逆になっています。壬辰倭乱（秀吉の朝鮮出兵）は明に援軍を求めて戦ったのが実際の歴史のはずですが、自分たちだけで戦い勝利したと、韓国で有数の知識人でもこういうことを言うのです。

宣教師のルイス・フロイスは『日本史』で、秀吉軍が撤退したのは食糧供給路を絶たれたのと、加藤清正らが文化遺産を破壊したから、明が本気になって怒ったためだとありますが、それはともかく、朝鮮に対しては「数世紀に及び中国の属国であり、他の諸国とはなんら関係をしていなかったので、宗教、文明、思想および風俗の上で中国が朝鮮に及ぼした影響はとても大きかった」と書いています。間違いなく、朝鮮はずっと属国だったのです。

その国が日本に文化的影響を与え続けたというのです。両国間の歴史を思う時、やはり教育の恐ろしさを感じます。明治以降の日本も、神道国家作りのために歴史を変えた危うさがありますが、韓国にもその危うさを覚えます。日本に一番近い隣国なのに、その両国がまた一番遠い存在なのです。

忘れられた「君が代丸」

お互いに本当の歴史を隠し、神話や伝説である稗史《はいし》を正史にしてしまう傾向があります。いたか、いなかったかもわからない人物を作り上げ、あたかもその人物が活躍したような事柄を書き残します。

そしてそこから歴史が始まるような教え方をします。なによりも教育が大切であるにもかかわらず、その教育の場で間違ったことを教えていきます。日本もそうですし、韓国もそういうところがありますし、世界中にあります。

前述した、戦前の「君が代丸」のことも誰も知らなくなりましたし、近年では日本からの借款《しゃっかん》で、韓国がどれほどの大国になれたかということも、教えることが少なくなりました。

そういう意味では、アジアの最貧国だった韓国を豊かにした朴正熙大統領は、もっと尊敬されてもいいと考えますが、そうはなっていません。彼の銅像より「平和の少女像」、つまり「従軍慰安婦像」のほうが多いのですから、やはり個人の感情が優先する「恨《ハン》」の国ということなのかもしれません。

現在「従軍慰安婦像」は韓国に八十二、海外には十六像あるとされ、それに似たものを加算しますと、韓国に百四十四、海外に三十二像あるとされています。その「平和の少女像」の在り方が韓国・日本の平和につながるのか、そうすることにどんな思惑があるのかと思案してしまいます。

国会議員になった「元慰安婦」の支援団体を主宰する女性が、慰安婦基金や補助金を横領して、豊かな生活をしているという報道を頻繁に読みましたが、今日の日本には、あれだけ大がかりなやり方で人の哀しみの上前を撥《は》ね、国会議員にまでのし上がっていく人間がいると思えません。仮にいたとしても、すぐに辞任や失職に追い込まれるはずですが、韓国ではその後どうなっているのかという思いにもなります。

いずれにせよ日韓平和条約を結んだ後の韓国は、驚くほどの経済発展をしました。戦前の併合時にも、日本は大変なインフラ整備や彼らの教育に心血を注いでいます。

それは植民地政策の一つだという人々もいますし、日本人が中国に代わって朝鮮を属国扱いしたのも事実ですが、当時の時代性を思い起こせば、他にどんな手立てがあったのかという思いが生まれてきます。

自分たちのほうが優秀だったという自尊心がある人々が、逆に支配されると、その恨みはなかなかに消えるものではありません。わたしのほうが名家だったのに、あるいは立場が上だったのにという意識が邪魔をするのです。

それは人間にも国家にもありそうな話ですが、その歴史を韓国は認識していないのかもしれません。いつまで経っても、自分たちの民族のほうが優秀だったという「歴史認識」が消えないようです。また史実を教えないのです。

それはどこの国にもあることかもしれませんが、韓国はとくに日本に対して対抗心が強い気がします。未だに日本や中国に素直な感情を持ちにくいのは、彼らの歴史的な不幸が根底にあるからです。大国に挟まれ、悩まされ続けてきたというジレンマから、「恨」は二つの国に向けられ続けているということになります。

それを克服するには、一度自らが優位に立ち、感情を宥《なだ》めないかぎり無理だと考えます。しかし、優位に立つと、今度は民族の優位性を、正当化する虚構の物語を作り上げ、民族主義に進んでいくということにもなります。ちょうど今中国が再び世界の中心にという思惑で動いていることと似てくるはずです。

それは維新後、薩長が天皇の優位性を、あらゆる手段と方法で構築していった図式と似ています。人間は自分の欠損した部分を埋めていこうとするところがあります。お金に苦しんだ過去があれば、それを満たそうと頑張りますし、維新後に名を成すと、華族制度を作り自分たちの身分を高めようとします。

ながい間農民や足軽だった者や、身分制度の中で差別を受け続けていたコンプレックスを解消しようと試みるのです。それはどんな時代にもありましたし、戦国大名の家系図作りなどもその一例でしょう。

文字が残っていないからといって、そこに嘘の歴史を作っていいということにはなりません。それは文字を持たなかった神社の稗史に、維新後新しい文字を加えて「いい歴史」にしようとした日本も同じですが、現代においても、韓国はそのことを続けているという気がします。

今日でも世界中で偏向教育が行われていますが、権力者は常に自分たちを正当化するということでしょう。少しでも公明・公正・公平に物事を見ようとする意識があれば、また違った歴史が現れてきます。

韓国はなぜ「日王」と呼ぶのか

わたしは教育が大切だと考える時に、いつも萩の松下村塾のことを思い浮かべます。若い吉田松陰が指導した私塾のことですが、そこから多くの維新の立役者が輩出しています。

驚くのはその塾で若者が習ったのは、たった二年前後の月日だったということです。逆に人に強く影響を与える教育の怖さを感じます。そこでは学問以外に、兵学や軍事知識及び教練など実学的なものも教えていますが、三十歳にも満たない吉田松陰の思想の影響が、それらのことを凌駕《りようが》しているという驚きです。

その松下村塾は下級武士・農民・町民など身分にかかわらず、出入りした人は八十人とも九十人とも言われています。彼らが維新後の要職に就いて日本を変えていき、最後は敗戦となるのですが、では開国をしなければどうなったかという論議はいまさら成り立ちません。

起こったことを未来への糧として、いい歴史を作っていくしかないのですから、貴重な経験をしたと自らを戒め、明るい未来を創るしかありません。そういったことからも、いつまでも過去に拘泥していては未来も拓けないと考えます。

日本人はすぐに忘れてしまう民族だと述べましたが、その対極にあるのが韓国だという気もしてきます。常に自分たちの優位性を誇張する民族だという思いもします。たとえば、これも第四章でも少し触れましたが、韓国は日本の天皇のことを「日王」と言います。世界中を見渡しても、天皇を「日王」というのは韓国だけではないでしょうか。

韓国の宗主国である中国でさえ「天皇」と呼びます。韓国が「日王」と呼ぶのは明らかに嫌がらせか、妬みという気がします。

天皇という呼び名は天武天皇の時代から使われ出したとされています。本来、天皇は天子・皇帝の敬称で、古代中国では最高神のことです。秦の始皇帝は中国全土にいた王を抑えて統一し、始めて皇帝になったから「始皇帝」と言います。だから王は皇帝や天子よりも下の地位ということになります。

その天皇は「陛下」と呼ばれます。陛下という言葉は紀元前三世紀に始皇帝の時代から使われていますが、日本も八世紀から使っています。「陛」は「きざはし」と読み、天皇の宮殿に通じる階段のことを指します。天皇は宮殿の下にいる侍従にものを言って伝えます。それゆえに本当は陛上となるはずのものが、「陛下」という言葉になったのです。

陛下の次に「殿下」「閣下」という言葉がありますが、殿下は皇太子や皇族の宮殿のことを指します。また重臣に対して「閣下」と呼ぶのは楼閣のことを指します。楼閣とは立派な家ということです。首相や大臣に対して使われます。

地位から言いますと、「陛下」「殿下」「閣下」ということになります。仏教では「猊《げい》下《か》」、キリスト教などの聖職者の最高位は「聖下《せいか》」と言います。「猊」は獅子のことで、仏陀が座るところが「獅子の座」です。洋を問わず高貴な人は侍従を通してものを言うということです。

「朝鮮王」は陛下ではなく殿下と呼ばれていました。その国が「日王」と言うのです。上から見下ろすか自分たちと同じところまで引きずり下ろそうという意識でしょう。それでも「日王」には国家主権があるので、殿下にすぎない「朝鮮王」より格上です。朝鮮には中国と日本という二大強国に挟まれた悲哀があり、古代から苦しい立場にあります。

今日では仏教も朝鮮から入ってきたと多くの人々が思い込んでいます。しかしそれは正確な歴史ではありません。日本が平安時代以降、朝鮮に何かを学びに行ったという話は聞きません。いつの時代でも、経済の発展した文化水準の高い国に、新しい知識を吸収に行きます。最澄や空海はどこに行ったでしょうか。

遣隋使や遣唐使という言葉がありますが、朝鮮と交易があったことを示す言葉はあるのでしょうか。阿倍仲麻呂はどこに勉強に行ったのでしょうか。鑑真《がんじん》はどこから来たのでしょうか。みな今の中国です。浅学なわたしには、調べればすぐにわかることかもしれませんが、朝鮮に勉強に行った著名人を咄嗟《とっさ》に思い出すことができません。それなのに韓国は自分たちのほうが優秀だと唱えるのです。

その上、日本のあらゆることに捏造や歪曲を交えた反日プロパガンダをやります。やはり韓国のやり方は国家として常軌を逸していると考えます。

世界で唯一「エンペラー」を戴く国

韓国のキリスト教徒は今日、人口の三割を超えると言われています。日本は人口の一パーセント前後にすぎませんから、ずいぶんと多い比率です。そのキリスト教にはどの宗派にも「隣人に関して偽証をしてはならない」という戒めの言葉があります。旧約聖書のモーゼの十戒が基本になっているのですが、キリスト教徒が多いにもかかわらず、韓国人はその言葉を知らないのかと疑いたくなります。

二〇二〇年の東京オリンピック開催への嫌がらせの中でも、原発問題に難癖をつけた言い分も、国家的な偽証罪のような気がします。ありとあらゆるものに言いがかりをつけ、捏造を行い、攻撃の手をゆるめません。

日本人の多くは呆れるというよりも、辟易《へきえき》しているのではないでしょうか。決して誤りを認めず、自分たちが正しいと主張します。なおかつ自分たちの都合のいいように解釈して攻撃してきます。

朝鮮と日本は古代より人的交流や交易があり、日本も多くの利益を得ていたことは知っています。朝鮮通信使がさつまいもを持ち帰り、自国民の飢餓や窮乏を救ったことも知っています。日本人が朝鮮人参を珍重していたことも事実ですが、朝鮮通信使は何度も訪れましたが、反対に日本が使節団を出したということはありません。

その使節団を、日本では貢ぎ物を献上する使節という意味の「朝鮮聘礼使《へいれいし》」「朝鮮来聘使《らいへいし》」「聘礼使」などと呼んでいましたが、江戸幕府は礼を尽くし、大変に厚遇していました。朝鮮の宗主国の中国を真似て、日本が無理をしていたということかもしれません。今の日韓の歴史認識に関しては、歴史学者の罪は大きいと考えます。

また韓国が誇りにしているハングル文字の普及も、福沢諭吉やその門下生が進めたことは、多少なりとも歴史を学んだ人なら知っています。

中国からの独立を視野に入れて、廃《すた》れていたハングル文字を、彼らが再び普及させたのです。近代韓国の政治・文化・社会インフラは日本が作ったことを疑う余地はありません。

それを現在の韓国は、なにもかも日本が悪いと攻撃したり、強弁したりして、「偽史」を歴史に変えています。「偽史」は日本を含めどの国にもありますが、ながく冊封国だった朝鮮はその過去を隠すことに、心血を注いでいるようにも見えてきます。その宿命とも言える隠蔽体質が、悲劇や偏向した歴史認識をもたらしていると感じます。

国を問わず、隣国同士は緊密なつきあいをすることもあれば、敵対もすることは歴史が証明していますが、友好関係を築くには相手国への信頼が必要となります。現在の韓国にそれを望むのは難しいのでしょうか。

国家間の条約すら破棄してしまう国で、なおかつ我が国を愚弄《ぐろう》する言葉が飛び交っている間は、信頼を得ることは難しいと思うのが当然ではないでしょうか。愚弄の言葉の最たるものが、「日王」という言葉ではないかと思います。

天皇という言葉は中国の皇帝と同じ称号ですので、「エンペラー」と同じ意味だと述べましたが、そのことは一六九〇年に日本にやってきたドイツ人医師のエンゲルベルト・ケンペルも『日本誌』に書いています。

フランシスコ・ザビエルも、彼とともにやってきたコスメ・デ・トーレスも記録しています。ルイス・フロイスも同じです。すでに権力を失っている天皇は、政治にあまり関与しない聖職者的指導者だとも書かれています。外国人はローマ法王のような存在に見ていたのかもしれません。

そのことから判断すれば、今日でも、天皇は国王や大統領、総理大臣よりも格式は上ということになります。朝鮮王は「国王」、つまり「キング」という身分でした。天皇はその上位の「エンペラー」であることを、朝鮮の宗主国の中国も認め、戦後も「天皇」と呼んでいるのに、冊封国だった韓国だけは「日王」と呼ぶのです。日本にも中国にも貢ぎ物をして、古代より人質も出していた国であるにもかかわらずです。

そこには、捏造や曲解というより怨念すら感じます。今日の天皇は日本国の「象徴」にすぎないとしても、「エンペラー」を国家元首として戴いているのは、世界で日本だけではないでしょうか。それも千数百年も続いている世界最古の皇帝として、世界の人々の崇敬を受けているのです。

「聖権的指導者」と「世俗的皇帝」

もちろん異論や反対を唱える人がいることは承知していますが、そんな一族がいてもいいのではないかとも考えます。ただし「民主主義国家」である現在の日本において、莫大な税金を投じて「権威」は維持されているのですから、日本国の「象徴」として国民がどう感じるかは人それぞれで、いろいろな意見があるのはしかたがないことです。

しかし、個人のための「権力」は困りますが、国家の歴史や文化の継承のための「権威」は存在したほうがいいと考えます。歴史には「稗史」も「偽史」もあります。その中から真実の歴史を探さなければいけないのですが、現実には、決して真実の歴史を記録したものが伝わっているということにはなっていません。焚書は歴史の常ですし、権力者や自分の罪を隠そうとする者は、必ずそのことをやってしまいます。

秦の焚書坑儒からナチス・ドイツや日本の敗戦時のGHQによるものなど、焚書は絶えることがありません。現在でも官僚が自分たちの不都合を隠すためにメールを消去したり、資料を断裁してしまったりするのは大罪で、ながい目で見れば歴史をわからなくする暴挙となります。

その中で日本の天皇は、天武天皇の時代から歴史ははっきりしていますし、それが日本人の歴史ともなっています。そんな貴重な存在をなくしてしまうのは、どうかという気持ちになります。

天武天皇が壬申の乱に勝ち、自分の皇統の正当性や権力維持のために『日本書紀』が書かれたとすれば、それまでの歴史は闇に消え、そこから新しい歴史が生まれたということになります。

それから千三百年の間に政治体制はさまざまに代わりましたが、政治に関与できなくなった天皇はその外側から、逆に歴史や文化を作ったということになります。これだけ血筋が遡っていける「家」は、今日の世界には例がないのではないでしょうか。だから外国人は天皇に敬意を払い「聖権的指導者」と呼び、信長や将軍を「世俗的皇帝」と呼んだのです。それゆえに、古い歴史や文化の継承者としての天皇は、日本人の精神的支柱になったと推察します。

再び革命が起きたり、政治制度が変わったりして、皇室が継承されなくなった時のわたしたちの心の空洞は、大きなものとなるはずです。それはフランスやロシアが皇帝を失った時の国民の喪失感を思えばわかります。

自分たちの歴史を葬り去ったという意識です。社会主義の国々は、自分たちにつながる伝統をみな塗り替えたのですが、精神的な喪失感を回復するには、ながい時間を要するはずです。ゆえにそれらのことを失った民族は日本の天皇に敬意を示すのです。

その天皇を再び政治的権力者に祭り上げたのが、維新でした。革命は身分制度の闘いとわたしは考えていますので、維新から新しい身分制度ができたとも思っています。それはロシア革命の中心的指導者たちがユダヤ人だったことや、中国の革命も少々乱暴な括り方ですが同じように考えています。

そして敗戦となり「象徴天皇」となったわけですが、この曖昧《あいまい》な言葉はなにを意味するのかと考えることがあります。いずれにせよ敗戦国ゆえに現在の「象徴天皇」となったということになります。

仏典も経典も持たない神社も、マッカーサーが改めて宗教として認めたものです。その彼が唯一できなかったことが官僚の解体だと言われています。門閥・閨閥・財閥の解体、農地改革など多くのことをやって、アメリカは日本を「民主主義国家」にしてくれましたが、官僚システムが残ったことで、ピラミッド型の「学校歴」尊重の学閥が出来上がってしまいました。

確かに官僚は優秀な人たちかもしれませんが、学閥は社会の硬直化を生むことにもなります。それに世の中には多士済々の人々が多くいます。そういう人たちが登用されれば社会は柔軟性も生まれ、もっといい国家になる気もします。

つまり維新の時の人たちのようにです。歴史上、わたしたちは常に圧制の下で生きてきました。そういう意味では「我は安房の非人なり」と言った日蓮や、天下を獲った秀吉は、厳しい身分制度の中から這い上がってきたのですから、大変な人物だったのだと気づきます。

もっとも当時の漁民や流民、歌舞伎役者など、土地を持たない人々はすべて「非人」ですし、農民は特権階級の人間から見れば、抑圧された奴隷のようなものです。わたしたちの祖先は少数の支配する者と、多くの支配される者として存在し、そのほとんどが支配された側の子孫ということになります。

それが維新、敗戦を経て、ようやく差別の少ない、誰でも頑張れば道が拓けるという、「民主主義国家」になったということになるのかもしれません。

敗戦後、天皇は「象徴」ということになったとはいえ、その形は大きく変わったということはありません。外圧に支配されない島国で、培養された伝統や文化の継承は、続いていると言えるかもしれません。

鎌倉幕府が成立してから今日まで、天皇が政治に強く関与したとは思いませんが、存在し続ける以上、維新の時のように、政治の表舞台に再び登場するということはあり得るかもしれません。この国では天皇家だけが「貴種」であり「聖人」であって、決して「俗人」ではないということです。そして、その名の元に多くの人々が亡くなりました。

わたしは二度鹿児島の知覧特攻平和会館に行きましたが、二十歳そこらの彼らが、本当に天皇陛下万歳と言って死んだとすれば、かわいそうでしかたがありません。愛国や国体とはなんだろうということになります。

人の命よりも貴いものはないはずなのにと考えさせられます。そんなものがあるはずがないのに、わたしたちはあるような共同幻想を抱かされてしまいます。知覧特攻平和会館を訪ねて心が重くならない人はいないはずです。

第七章

歴史とは接《つ》ぎ木《き》

天皇とは「北極星」

いよいよアメリカ軍が本土に迫ってくると、日本は「信州」に松代大本営を建設して戦争を続行しようとしました。なぜ「信州」なのかと言いますと、「神州」と音が同じなので、その言葉に祈りを込めたということです。

特攻で軍艦を沈めようとしたり、竹槍でB29を落とそうとしたり、ほとんど精神論だけで戦おうとしていたのですから、異常としか考えられません。それでも日本人は言葉に畏敬《いけい》の念を抱いて進んだのです。その思いは脆《もろ》くも崩れ、想像もできない悲惨さの末に今の豊かさがあります。

だからわたしは、武器を持つ、持たないという議論よりも、どうして守るのかということを、思考の中心に置きたいと思いますし思案します。人はそれぞれに考えを持っていますから、多様な発言があって当然です。

それを抑圧したり排除したりすることは弾圧となり、全体主義に移行する芽が生まれてきます。それは決していいことはないはずです。

有史以来、人間の歴史は戦争の歴史とも言えます。わたしたちは物事を忘れることによって同じ過ちを犯します。それゆえに悲劇は繰り返されます。人間の攻撃性はなくならないと言う人たちもいますのでなおさらのことです。
中には誰かを押し立てて利用しようとする人も現れます。それには天皇が一番で
しょうが、そんな時代が再びこないことを願うばかりです。
天皇とはなんでしょう。それは北極星のことです。その星は北の空の真上にあって
光り輝いています。地球が回り、季節が変わっても光を放ち続けます。自分たちの未
来が永遠に輝いていてほしいという願いがあります。
そこから転じて多くの神社は南向きにあります。そうするとわたしたちは北に向
かって、お辞儀をし、手を合わせるということになります。つまり天皇（北極星）に
手を合わせているということになります。
そして天皇が北にいれば、天皇から見て左側が東になり、その対面は西となります。
お日様が出るほうが「東」、沈むほうが「西」ということです。
したがって、左大臣と右大臣では左大臣のほうが地位は上です。天皇から見た左側
は「東」で朝日が昇る方角、右は（西）でお日様が隠れる方角です。そこから陽が先に
上る左大臣のほうが上とされていました。それを政治的権力図に置き換えますと、天
皇（北）、左大臣（東）、右大臣（西）ということになります。
菅原道真は宇多天皇の庇護の下に若くして出世し、右大臣にまで上り詰めましたが、

左大臣だった関白家の藤原時平の讒言《ざんげん》で失脚し、太宰府に流されたと言われています。歳は若くても時平は左大臣で、なおかつ関白家です。その権力を道真に脅かされることを恐れたということもあるでしょうし、権力を持ちすぎた藤原氏の力を弱めようとした、宇多天皇と道真に対する反撃とみることもできるでしょう。

そうして道真は太宰府に流され、その地で二年足らずで亡くなりますが、その後、彼は怨霊《おんりょう》となって、宇多天皇の後継となった醍醐天皇や藤原家に祟りを与えたというのが、今日の「歴史的」逸話で、道真の怨霊を鎮めるために造られたのが北野天満宮です。

政治的主導権争いは一筋縄ではいかないはずですから、もっと複雑な事情があったとは思いますが、今日では菅原道真は学問の神様にもなり、広く親しまれていますが、一方の時平たちは一方的に悪者にされている気がします。

同時代の人々の彼らへの不満もあったのかもしれません。人の気持ちが人物の評価を変えてしまうのはよくあることですが、そのことは源義経や楠木正成などを初め、多くの人物たちのことを思えば見えてくるはずです。

瑞穂の国の水分神社

彼らは怨霊鎮めとして、死後、神社に「神」として祀られていますが、神社の形式には、公にはされていませんが意味があります。どの神社も、拝殿の前には注連縄《しめなわ》があります。注連縄は藁でできています。藁の元はお米です。

そしてあの格好は雄の蛇と雌の蛇が、交尾をしている姿だと言われています。つまりセックスをしているということです。

蛇は子どもをたくさん生みます。その上なかなか死なない生命力があります。現代の機械化の時代と違い、子どもがたくさんいれば労働力になります。

労働力があれば田畑や新田開発もできます。多くの穀物や食料を手に入れることができれば、わたしたちの生活は豊かになります。あの注連縄には子どもがたくさんできて、お米も多く採れますようにとの祈りがあるのです。

注連縄から下がっている「紙垂《しで》」と呼ばれる白い半紙の形は雷を意味しています。雷が鳴れば雨を連れてきます。雨が降れば日照りを防ぎます。あの雷の形をした半紙にもわたしたちの祈りがあるのです。

今は全国に多くのダムができ、その水は電力や農業用水として大変に役立っています。もちろんダムは住んでいた人々の生活圏を奪ったり、鮎や鮭が上れなくなったり、あるいは政治家たちの利権の道具になったり、逆に水害の原因になったりしますが、それでも、農作物に対して日照りは大敵です。

雨の少ない九州や四国には多くの溜め池がありますが、あれも日照りになった時に、少しでも農作物の被害を防ごうとして造られたものです。たとえば全国に牛首山や馬頭山などと、動物の「首」の名前をつけた山がいくつもあります。どうしてそういう名前がつけられたのでしょうか。実は日照り時の雨乞いにまつわるものがたくさんあるのです。

神が宿る山の池や湖に、獣の首を切ったものを投げ入れますと当然血で汚れます。血は最も不浄なものとされています。その不浄な血を洗い流そうと、神様が雨を降らすと考えられていました。

雨が降れば山々から水が川を通って流れてきます。すると里の田圃《たんぼ》に、農業に必要な水が入ってきて潤うと考えていたのです。それで全国に動物の名前がついた山があるというわけです。

水は飲み物としても大切ですが、食物を育てる水もそれに劣らず重要で、その神様を祀った水分《みまくり》神社というものが全国に多くあります。神社が水源地や水が集まる「川合」と呼ばれる土地にあるのもそのためです。村全体で集落に計画的に水を引くのです。

水の確保が難しかった時代には、集落同士の諍《いさか》いは多くありましたし、喧嘩も絶えませんでした。全国の神社にはゆかりの銘酒が多くありますが、それもいい水があり、そのためにいいお米が採れて、おいしいお酒ができたということになります。

その米から作ったお酒を神様に奉納するお神酒は、彼らの感謝の気持ちの表れです。また来年もどうぞよろしくお願いしますという祈りでもあるのです。水が枯渇すれば死活問題ですから当然のことです。

今日の米作りは田圃の区画整理や機械化によって、田植えも借り入れも驚くほど簡単になりました。草取りも薬を撒けばあまりやる必要もなくなりました。歴史上、現代のお米の生産者は最も豊かになりました。

減反などということは今までの歴史では考えられないことです。現在、世界中を見渡しても、減反政策を行っている国はあるのかと思うくらいです。

それはいいことなのでしょうが、弊害もあります。稲刈りが終われば田圃は乾きます。その上、大量の農薬使用のために、泥鰌《どじょう》や田螺《たにし》、蛍や蜻蛉《とんぼ》、メダカや水すましなど多くの小動物がいなくなりました。そのためそれらを食していた水鳥たちも姿を消しています。

日本は本来、瑞穂《みずほ》の国です。水辺に稲穂が実り、多くの蜻蛉《とんぼ》が行き来していました。

川には蜆《しじみ》、海には蛤《はまぐり》、わたしたちが子どもの頃には、それらのものがたくさん獲れていました。

今はどこにも目にすることができません。すっかり景色も風景も変わってしまいました。失ったものも多くあります。水分神社も水天宮の意味も忘れてしまうほどで、多くの労働力を必要としなくなってきました。かつては、いくら子沢山でも、女の子が生まれると親ががっかりしたのは、子どもは労働力だったためです。

女性は力も弱いし、育ててもいずれは他人《ひと》の家のものになります。自分たちの家族や親族には必要ないという考えです。それゆえに生まれても間引きをしてしまうこともありました。その哀しみの象徴が「こけし」ということになります。自らの手で死なせた懺悔《ざんげ》の気持ちがあるのです。

「こけし」の発祥の地である東北は気温も低く、米作に不利なのでよく凶作になりました。そのたびに女性は家族のために身売りさせられました。人間の歴史は飢えとウイルスとの闘いですが、近年まで女性はずっと受難の時代を生きてきました。

神社と女性

先に紙垂まで書きましたが、神社の前には二つの狛犬がいます。片方は口を開け、もう一つは閉じています。このこともすでに述べましたが、開けているほうが「阿《あ》」で、閉じているほうが「吽《うん》」です。両方で「阿吽《あうん》」となりますが、「阿」は万物の始まりの表記音を表し、「吽」はその終わりを表します。

つまりは物事の全てという意味になります。動物の中で一番強いとされるライオンは日本にはいませんから、代わりに狛犬が、ここから先は自分たちが魔物や悪霊を決して入れないということです。

そして鳥居があります。その起源は神社の中を「通り入る」とか、天照大神が隠れていた天岩戸から出てくるように、鳥を止まらせて鳴かせた木だという説や、お城や屋敷の冠木門《かぶきもん》説、あるいはインドのトーラナ（塔門）や中国の華表《かひょう》などと様々に言われていますが、今日でははっきりしていません。その鳥居によって、神域と人間が住む俗界とが区別されていると言われています。

そしてあの鳥居の形は女性が股を広げている格好で、その上に神社の名前を書かれたものがありますが、あれは女性の敏感な部分だとも言われています。

またお参りするところにはお手水《ちょうず》があります。今日では手を浄めるところですが、古代においては神社にお参りする時は、水垢離《みずごり》や湯垢離《ゆごり》をして体を清め、神様にお祈りをしました。

それは大変でつらいことですので、簡単にすまそうとお手水を置いて簡略にするようになったのです。人間は豊かになってお金持ちになりますと、横柄かつ横着になって、なにもつらいことや面倒なことをする必要はないと考えてしまいます。生活がつらく苦しくなると、わたしたちは神頼みをしますが、豊かになれば驕《おご》りも出てくるということになります。

お参りにきた人はお百度を踏んで祈願します。そこを通る道のことを参道と言います。実は神社は女性の子宮全体を表しているとも言われています。鳥居は女性が脚を広げた形、参道は産道、水垢離・湯垢離は寝屋に入るための体の清め、お百度はセックスをしている時の動作、その結果、子どもがたくさん生まれ、家が栄えるという論法です。

不浄だと考えられていた女性が、お参りするということ自体、考えられていませんでした。そこで女性には別に尼寺を造り祈願したわけです。多くの神社が男根を祀ったり、大きな樹の枝分かれのところに注連縄を巻いたりしているのも、そこを女性の性器だと考えていたからです。神社に家族繁栄や夫婦和合・家族安寧のご利益があるというのもそのためです。

それまで仏教と神道の神仏習合だった国が、明治になって、天皇中心の政治体系を作ろうとして、自然崇拝をしていた神道を国家神道にしたところから、日本の歴史は変わってしまいました。

古代から中世までの本来の日本の宗教は神仏習合にあります。それを、維新を境にわたしたち自身が壊してしまったのですから、当然、ものの見方も精神の在り方も変わりました。神仏分離、廃仏毀釈などの書物を読むと、日本においても中国の文化大革命以上の精神の入れ替えがあったと考えます。

たとえばわたしが神社を歩いていますと言うと、探るような目を向けられることがよくあります。わたしはたまたま神社に興味を持って、少し知っているというだけですが、神社に固定観念を持っている人はそうは考えません。明治維新から戦前・戦中までの国家神道の怖さを知っているから、警戒の目を向けるのだと思います。

維新以降の歴史を見れば、鎌倉幕府の成立以降、何百年も実際の政治や統治に関わっていなかった天皇が、国家の中心に再び置かれて、今日の「正史」が形成されていますが、そこには相当に無理な解釈や綻びがあります。

この国の政治の歴史を振り返りますと、天皇が歴史に登場する時は、必ず世の中は乱れているように見えます。天皇を利用する者は国民の生活を忘れているという感情も、個人的には生まれてきます。

このことは今日の政治家にも言えることで、国民のための政治家であって、政治家のための国民になってはいけないということです。国家のための国民ではなく、国民のための国家であるべきだと考えます。

敗戦によってそのことはようやく変わってきた気もしますし、また逆に敗戦によって多くの言葉が死語となり、人々の口の端に上ることは少なくなっていますが、「万世一系」や「八紘一宇」「王道楽土」などは、戦争の際の神道国家造りのための言葉であることは間違いないはずです。

戦前までの教育では神話も歴史になっていたのですから、わたしたちがそう思い込んだのも無理のないことだと考えます。今でも神話を歴史と思っている人は少なくないので、そこにも教育の恐ろしさがあります。

歴史は接ぎ木《つぎき》のようなもの

わたしは日本の「歴史」は『日本書紀』が書かれたことによって、あるいは明治維新によって、大きく変わったと考えている人間ですが、敗戦後「民主主義」という言葉によっても「歴史」は変わったと思っています。それがいいとか悪いとか言うのではなく、日本の「歴史」に大きな断層ができたと感じています。

わたしは「歴史」は接《つ》ぎ木《き》のようなものだと考えています。体制や権力が移行すれば「歴史」も変わるということです。戦争に負けて、アメリカによって初めて庶民に「権力」が与えられたのが、今の日本の「民主主義」だと感じています。それでもわたしは勝者の言葉は信用していませんから、今の「民主主義」という言葉も疑っています。自分たちが自ら摑んだ言葉ではないと思っているからです。

それゆえに「稗史《はいし》」や「偽史」のほうに真実の歴史が隠れているのではないかと思い、神社や島を巡って愉しんでいます。江戸時代は二百六十年も続き、庶民文化はおおいに栄えていたのですから、もっと再考すべきでしょう。

わたしたちが今、事実として思い描いている「歴史」も、歴史上の人物像も、必ずしも史料に基づいているものとは限りません。後世の物語や二次資料によって作り上げられた人物像を信じ、疑いを持たないでいる傾向がある気がします。

秀吉が中国人だったという書物もあると最初に書きましたが、孝明天皇や西郷隆盛など、明治の人物ですら、その肖像画すらあやふやなものがあるのですから、「歴史」は小説家が書く創作のようなものです。神話も民話も、稗史も偽史も、みな権力者が「歴史」にしているという印象を持ちます。

それに日本は中世以降、家系図作りが盛んで、何事にも血筋を重要視する風潮があります。「貴種」になりたがろうとするのです。常に「格付け」をして物事や人間を見ているのが、この国の特性のような気もします。

その権威付けられた頂点に天皇家があるということになるのですが、それが逆に「民主主義」を妨げているということになります。

水戸のご隠居の従者が、この印籠が目に入らぬかと懐《ふところ》から差し出すと、武士も庶民もへへぇといって頭を垂れますが、あれがまさしく権威というものです。わたしたち日本人は権威のある者には、無条件で平伏するところがあります。

この性格が「民主主義」への移行を邪魔していると考えます。権威を守るには物事を秘匿し、神秘性を醸し出すのが一番ですので、民主主義の土壌がまだ育っていないと考えるわけです。

高千穂は天皇の故郷か

たとえば宮崎県の日向から大和へ遠征したと伝えられている神武《じんむ》天皇は、『日本書紀』では「筑紫の日向」で生まれたとされています。そして今日の教科書でも「東征」や「東遷」と記されています。

この「征」と「遷」の一字の違いで、事情は大きく違ってきます。先の言葉であれば東を征伐したとなりますし、後の文字であれば都を東に移したと捉えることができます。

今となっては新しい文字でも発見されなければ探っていくことができませんが、その神武天皇が日向の高千穂から大和に上って行ったとすれば、そこは神武の故郷だと言うことになります。

その地は天孫の瓊瓊杵尊《ににぎのみこと》が、天照大神の神勅を受けて葦原中国《あしはらのなかつくに》を治めるために、高天原から「筑紫の日向の高千穂峰」へ天降《あまくだ》ったところです。

しかしその神々の故郷、神武東征の大本の地である高千穂に、天皇家が訪れた形跡はありません。天孫降臨の土地とされているにも関わらずです。同じように、伊勢神宮にも天皇家は参拝していません。参拝し始めたのは維新後の明治天皇からです。

その高千穂峡に行った人なら誰でもわかりますが、山の高いところにある土地ですから、食物の生産もなかなかに難しく、江戸時代には圧政にも苦しみ、なんとか天皇の直接の支配下になりたいと人々は願っていました。

地元高千穂町出身のノンフィクション作家、高山文彦氏の『鬼降る森』（小学館文庫）を読めばよくわかります。高千穂という地名は高い場所に稲穂が豊かに実るということですが、実際は決してそういう土地ではありません。土地は貧しく田畑も少ないものです。

また高千穂という地名も、明治二十九年（一八八九）に三田井・押方・向山の旧三村が合併して、初めて「高千穂村」という名称になったのです。少し歩いたり、調べたりすればわかることなのに、新しい神話を作ろうとしています。

上代の人々が使っていた文字や言葉を、疑いもせず書き換えることも疑問です。なぜ「帰化」や「来化」ではなく「渡来」なのか、「神武」は「東征」したのか「東遷」なのか。実は言葉を一つ変えるだけで歴史は変わってきます。意識も大きく変わってきます。

歴史ほど言葉への考証と配慮がなによりも大切なものはありません。そのことを、わたしたちは軽く考えすぎているようにも思えます。それゆえ、かつてはありもしなかった「従軍慰安婦」という言葉が問題になったりもします。

明治以降、もしわたしたちが統一して「天皇」という言葉を使わなかったならば、その後の歴史も、今の皇室の在り方も違ったものになったかもしれません。「自衛隊」も「終戦」も同じことです。「軍隊」や「敗戦」と認めれば、また別の思考が見えてくるはずです。

文字はかたちにならないものを捉えることができますし、自分たちで決めた法律や戒めを多くの人々に伝えることもできます。言葉は宝物にもなりますし、武器にもなります。

切れ味鋭い刀になり、人を斬ることもできますが、試し斬りのようなことをしてはいけません。注意深く配慮して使うというのが、なによりも大切だと思います。

言葉はわたしたちの灯台の明かりだと言いましたが、見当違いのところを照らし続けていれば、誤った方向に行ってしまうことになります。自分や自国のために都合のいいように使えば、取り返しのつかないことになってきます。戦前の日本がそうでしょうし、世界には未だにそういうことが多くあります。

言葉で物事を誇張し、自分たちに不都合なことは隠蔽し、秘密にするようでは民主主義の国とは言えないでしょう。文章を書き換えるなどということは、決してあってはいけないことです。

そのためにも情報開示は必要ですし、一部の人だけがその情報を持ち、自分たちの利益のために使うのは、民主主義から最も遠いところにある行為といえます。

そのことをわたしたちは歴史から学ぼうとはしません。同じ過ちを幾度も繰り返して、不幸な歴史を作り続けています。それは人間だけが持つ煩悩ゆえのことかもしれません。少しでも公明・公正・公平に物事を行うべきなのですが、そうはなっていません。

そして、仏教と違い、言葉を持たなかった神社の縁起書に、維新以降次々と文字を書き込んでいった結果が、今日の歴史になりつつあると考えます。

歴史は接ぎ木とも言いましたが、接ぎ木ほど難しいものはありません。うまくできなければ木は枯れてしまうでしょうし、実をつけることもありません。そうなれば過去を振り返って学ぶことも不可能になります。なによりも適格で適正な言葉を残すことが、わたしたちの未来を築くことだと考えます。

あとがき

もし人間が文字を持つことがなかったら、他の動物となんら変わりなく、ただ今を生きて、この世から姿を消して行くというだけで、この混沌とした世界と人々の人格や性格を作り上げることはできない。

文字はあらゆることが表現でき、体系化することもできる。喜びや哀しみの喜怒哀楽の感情も表せるし、書き残すことによって、「歴史」を作ることもできる。そしてそのことによって、わたしたちは過去を振り返り、未来への糧にもする。

文字が世界を構築しているのだが、それらのことは書き残す人間の見方や考え方、立場によって変わってくる。また新しい文字が発見されたり、権力者や時代が変わると新たな「歴史」も現れてくる。そういった意味では「歴史」は普遍的なものではない。

わたしが神社や離島を歩いて愉しんでいるのは、そこに文字を持たない神話や民話、伝承や伝説があるからだが、案外とこちらのほうが「歴史」ではないかと思うことがしばしばある。そんなことを想像したり、推理するのが好きで訪ね歩いているが、時の流れの中で、土地には地層のように堆積している「稗史」があり、おもしろい。

本書はそれらのことを踏まえて、物語ふうに、私流の歴史観を書き綴ったもので、疑念や疑問を持つ人もおられるかもしれないが、興味を持っていただいた方々の歴史観の指針にしてもらえればと思っている。

本書の出版にあたっては、前作の小説の単行本『未練』を、雑誌『CONFORT』に連載中からのつきあいの恩蔵茂氏と書籍編集長の仙頭寿顕氏に大変お世話になった。お二方のご厚意に改めて感謝したい。

令和四年十二月吉日

佐藤洋二郎

参考資料

・朝鮮王朝実録改訂版　朴永圭著　神田聡・尹淑姫訳　キネマ旬報社
・朝鮮雑記　本間九介著　祥伝社
・ＴＨＥ ＮＥＷ ＫＯＲＥＡ アレン・アイルランド著　桜の花出版
・海游録　申維翰著　姜在彦訳注　平凡社
・朝鮮・琉球航海記　ベイジル・ホール著　春名徹訳　岩波文庫
・老松堂日本行録　宋希景著　村井章介校注　岩波文庫
・海東諸国記　申叔舟著　田中健夫訳注　岩波文庫
・懲毖録　柳成竜著　朴鐘鳴訳注　平凡社
・日本文化と朝鮮　上田正昭・金達寿・門脇禎二ほか著　新人物往来社
・朝鮮の悲劇　アーソン・グレブスト著　河在龍・高演義訳　白帝社
・朝鮮人の見た中世日本　関周一著　吉川弘文館
・日本から観た朝鮮の歴史　熊谷正秀著　展転社
・古事記　次田真幸全訳　講談社学術文庫
・日本書紀　宇治谷孟現代語訳　講談社学術文庫
・日本史①・④　ルイス・フロイス著　柳谷武夫訳　東洋文庫
・フロイスの見た戦国日本　川崎桃太著　中公文庫
・出雲神話論　三浦佑之著　講談社
・日本王国・日欧文化比較　アビラ・ヒロン、ルイス・フロイス著
佐久間正他二名訳注　大航海時代叢書
・日本神話の考古学　森浩一著　朝日文庫
・出雲神話　松前健著　講談社現代新書
・出雲の古代史　門脇禎二著　ＮＨＫブックス
・三国史記　金富軾著　平凡社
・三国遺事　一燃著　金思燁訳　明石書店
・近代天皇制への道程　田中彰著　吉川弘文館
・皇室大百科　御即位五十年記念　日本防衛協会
・延喜式（上）（中）（下）巻　虎尾俊哉編　集英社
・天皇のロザリオ（上・下巻）　鬼塚英昭著　成甲書房
・天皇の世紀１　大佛次郎著　文春文庫
・日本大王国志　フランソア・カロン著　幸田成友訳　東洋文庫
・乱世の精神史　西田正好著　桜楓社
・人身売買・奴隷・拉致の日本史　渡邊大門著　柏書房
・イザベラ・バードの日本紀行上・下　時岡敬子訳　講談社学術文庫
・朝鮮紀行　イザベラ・バード著　講談社学術文庫
・出雲国風土記　講談社学術文庫
・世界の歴史・隋唐帝国と古代朝鮮　砺波護・武田幸男著　中央公論社
・鬼降る森　高山文彦著　小学館文庫
・改訂・増補 日本誌　エンゲルベルト・ケンペル著 今井正訳 霞ケ関出版
・大航海時代の日本人奴隷 ルシオ・デ・ソウザ著 岡美穂子訳 中公選書

佐藤洋二郎（さとう　ようじろう）
福岡県生まれ。中央大学卒業。作家。元日本大学芸術学部教授。小説は人間の生きる哀しみと孤独を強く意識して書いている。『夏至祭』で第17回野間文芸新人賞、『岬の蛍』で第49回芸術選奨新人賞、『イギリス山』で第5回木山捷平文学賞を受賞。主な作品に単行本未収録の『佐藤洋二郎小説選集1・2』（論創社）、『未完成の友情』『坂物語』（講談社）、『神名火』『妻籠め』（小学館）、『グッバイマイラブ』（東京新聞出版局）、『親鸞 既往は咎めず』（松柏社）、『未練』（ワック）などがある。著書多数。

偽《いつわ》りだらけ 歴史《れきし》の闇《やみ》

2023年1月26日　初版発行
2023年4月12日　第2刷

著　者　佐藤洋二郎

発行者　鈴木　隆一

発行所　ワック株式会社
東京都千代田区五番町4-5　五番町コスモビル　〒102-0076
電話　03-5226-7622
http://web-wac.co.jp/

印刷製本　大日本印刷株式会社

ISBN978-4-89831-967-3